玉林师范学院2022年度高层次人才项目"社会资本乡村收入增长效应研究"（G2022SK19）

社会资本嵌入
对农民收入增长的影响
机理与实证

黎春梅 ◎ 著

中国财经出版传媒集团

经济科学出版社
Economic Science Press

·北 京·

图书在版编目（CIP）数据

社会资本嵌入对农民收入增长的影响：机理与实证/
黎春梅著 . -- 北京：经济科学出版社，2024.9
ISBN 978 - 7 - 5218 - 5377 - 3

Ⅰ. ①社… Ⅱ. ①黎… Ⅲ. ①社会资本 - 影响 - 农民
收入 - 收入增长 - 研究 - 中国 Ⅳ. ①F323.8

中国国家版本馆 CIP 数据核字（2023）第 231316 号

责任编辑：王　娟　李艳红
责任校对：李　建
责任印制：张佳裕

社会资本嵌入对农民收入增长的影响：机理与实证
SHEHUI ZIBEN QIANRU DUI NONGMIN SHOURU ZENGZHANG DE YINGXIANG：
JILI YU SHIZHENG

黎春梅　著

经济科学出版社出版、发行　新华书店经销
社址：北京市海淀区阜成路甲 28 号　邮编：100142
总编部电话：010 - 88191217　发行部电话：010 - 88191522
网址：www. esp. com. cn
电子邮箱：esp@ esp. com. cn
天猫网店：经济科学出版社旗舰店
网址：http：//jjkxcbs. tmall. com
北京季蜂印刷有限公司印装
710 × 1000　16 开　12.75 印张　205000 字
2024 年 9 月第 1 版　2024 年 9 月第 1 次印刷
ISBN 978 - 7 - 5218 - 5377 - 3　定价：52.00 元
（图书出现印装问题，本社负责调换。电话：010 - 88191545）
（版权所有　侵权必究　打击盗版　举报热线：010 - 88191661
QQ：2242791300　营销中心电话：010 - 88191537
电子邮箱：dbts@ esp. com. cn）

前　　言

　　农民增收问题始终是农业、农村与农民发展的关键问题。近年来，我国农村"三农"问题发生了深刻的变化，在进入新阶段、贯彻新理念、构建新格局，全面推进精准脱贫、精准扶贫与乡村振兴有机衔接的当下，亟需从理论上探讨新的生产要素供给对农民收入增长的影响机理和途径，为实现农民收入持续增长、指导城乡融合发展、促使小农户对接大市场、实现传统农业与现代农业的有机衔接、实现城乡融合发展提供理论与现实支撑。

　　本书在对社会资本嵌入与农民收入增长影响的历史演进过程进行梳理以及对社会资本嵌入乡村影响农民收入增长的现实情况进行充分考察的基础上，从个体和群体两大层面分别探析社会资本对农民收入增长的影响机理，并利用广西 11 个市砂糖橘主产区 37 个村 397 个有效样本，构建基于连续变量的条件过程分析模型，验证个体社会资本自我嵌入影响农民收入增长的资源配置效应；构建通用嵌套空间模型及其退化模型，验证个体社会资本他人嵌入影响农民收入增长的空间溢出效应；构建基于多分类变量的条件过程分析模型，验证区域社会资本的不同嵌入模式对农民收入增长影响的差异。

　　本书的主要结论有以下几点。

　　第一，个体社会资本的自我嵌入对农民的生计资本形成内部资源配置效应影响农民收入增长。在个体社会资本自我嵌入影响农民收入增长的过程中，存在 3 条影响路径，分别是社会资本（结构型）→农民收入、社会资本（结构型）→自然资本→农民收入以及社会资本（结构型）→物质资本→农民收入。个体社会资本在对自身拥有的自然资本、物质资本的配置过程中，起着资源"黏合剂"的作用。同时，社会资本对生计资本的收入效应存在不同程度的调节作用。

第二，个体社会资本的他人嵌入对农民收入增长产生外部的空间溢出效应。一是相邻农户关系型社会资本对农民收入增长存在空间溢出效应。二是相邻农户的自然资本（土地规模及集中化经营）对农民收入形成一定程度的空间挤压，土地规模及集中经营具备空间集聚效应。相邻农户整体金融资本的提升有助于农民收入增长，乡村金融环境的改善为农户提供了良好的农业经营环境。相邻农户的个体社会资本对农民收入增长起着"催化剂"的作用。三是相邻农户社会资本的空间溢出效应随着距离的增加而减弱。四是包含社会资本在内的生计资本并不是影响农民收入增长的唯一因素，可能还存在其他未知因素对农民收入产生影响，进一步的研究表明农民外出务工经历及接受农业技术培训经历对农民收入产生显著的正向影响。

第三，区域社会资本不同嵌入模式对农民收入的影响存在差异。一是与无（低）嵌入状态相比，外源嵌入的社会资本通过促进农民开展农地规模和农地集约化经营以及促进农业生产社会化而提升农民的收入水平，但对农民的金融资本产生负向的"挤压效应"。二是内生紧密型嵌入的区域社会资本对村庄农民的金融资本有着正向的促进作用进而影响农民收入增长，产生"共赢"的吸纳效果。三是外源松散型嵌入的区域社会资本对金融资本以及物质资本的收入效应有着正向的调节作用；对自然资本以及人力资本的收入效应有着负向的抑制作用。内生紧密型嵌入的社会资本对物质资本的收入效应有着正向的促进作用，对自然资本的收入效应有着负向的抑制作用。

依据研究结论，本书提出的建议包括以下几点。

第一，开展经营主体间资本领域的多元合作为收入增长提供资源基础。通过农地归并与置换、加盟合作、农地租赁、农地托管以及农地入股等形式加强农民在土地领域的合作；通过培育农业融资领域多类型与宽领域的农业资本投资主体体系、构建多层次与多元资本广泛参与的农业资本客体体系来加强农民在资源领域的互通；通过在生产端、营销端与全产业链范围内开展物质资本合作来加强农民在物质资源领域的协作；通过人力资本城乡共享与人力资本乡村共享来强化城乡人力资本互通。

第二，建立社会资本联结的组织与平台为收入增长提供承载主体。包括成立产权明晰、权责分明的土地合作社支撑土地资本联合;构建多维一体互为补充的融资组织体系,提供农业资本供给;建立跨行业跨区域的合作联社为农业生产提供物质保障;利用多方人才力量建立乡村发展人才智库,提供智力支持;构建现代农业社会资本联结的实体与网络平台。

第三,构建社会资本组织合作的利益联结机制为收入增长提供持续动力。针对紧密型联结与松散型衔联结方式构建有差别的利益联结机制。

第四,从工商、财税、金融、人才、科技、土地政策等方面完善社会资本联结的政策体系,为收入增长提供制度保障。

本书的创新点有以下几点。

一是拓展了新的研究对象和扩宽了新的研究视野。首先,将社会资本作为影响农民收入增长的新要素纳入效应研究,打破了传统研究始终以土地、资金、劳动力作为影响农民收入增长要素的约束。其次,将规模经济理论应用于本书的框架构建、个体层面和群体层面的分析,扩展了社会资本理论的研究视角,将经济学与社会经济学的视角相结合。最后,将空间溢出效应的研究细化到农民个体之间,突破已有研究对区域空间相邻的溢出效应局限,扩展了空间溢出效应的内容。

二是发现了新的研究结果。构建条件过程分析模型,发现社会资本不仅直接对农民收入产生影响,而且通过调节和配置生计资本进而间接对农民收入产生影响;社会资本亦对生计资本的收入效应产生调节作用;构建通用嵌套空间模型进行分析,发现相邻农户社会资本及部分生计资本对农民收入产生空间溢出效应,且距离越近溢出效果越大;构建基于多分类变量的条件过程分析模型,发现区域社会资本不同嵌入模式对农民收入增长的资源配置效应不同。

三是提出了新的观点。依据研究新发现,本书提出以组织和合作为基础构建和扩展现代社会资本,即开展农业经营主体间资本领域的多元合作,构建现代社会资本联结的组织与平台载体,建立现代社会资本组织与合作的利益联结机制以及为农业现代社会资本的扩展提供制度保障等新对策。这些新观点对实现党和政府提出的持续实现农民收入增长提供了新路径。

目　　录

第 1 章

绪　　论

在中国农业经济的转型发展时期，"三农"问题是涉及国民经济发展的重要课题。其中"三农"的核心问题是农民收入增长的问题，也是近年来学术界关注的焦点。现有的研究从人力资本、自然资本等微观视角或从城乡二元分割、生产要素流向等宏观视角展开并占据主导地位。20 世纪 80 年代布尔迪厄（Bourdieu）首次提出了社会资本的概念并将其引入社会科学研究领域，社会经济理论成为解读经济社会现象的一种新的研究理论和研究范式，随着社会资本概念的提出以及研究的进一步深入和发展（Bourdieu，1983；Putnam et al.，1994），人们逐渐认识到社会资本对农业经济发展和农民收入增长的重要作用，并将其与自然资本、人力资本等一起作为农业经济增长与农民收入增长的重要要素。社会资本研究日益引起全球广泛关注，社会资本通常被引入对经济增长、政治绩效和社会发展等跨学科领域的研究，其不仅被称为最具影响力的分析概念之一，也被视为促进经济发展、治疗社会问题的"灵丹妙药"（Evans Peter，1997；刘敏，2013）。

中国是一个传统的农业大国，悠久的农耕文明在社会经济发展中长期处于主导地位，并逐步衍生出极具本土特色的农业文化及制度体系。众多的理论与实践表明，在漫长的历史长河中传承下来的民间社会中具有约束性质的各类非正式制度在促进经济发展与提高农民收入中发挥了不可忽略的重要作用。尤其在正式制度及市场机制尚未健全的时期，中国传统农村乡土社会中的礼俗、习惯、信任等非正式制度和网络、宗亲、亲血缘等社会关系网络在农业及农村发展、乡村治理等领域发挥了不可替代的作用，且这一作用随着经济社会发展的变迁不断调整，正式制度以外的其他非正式制度力量也成为经济发展的源泉。社会资本被解释为"经济增长的一种新思路"（郭少新等，2004；张伟明，2013）。在2003年的《世界发展报告》中（World Bank，2003），可持续发展的范围被界定为人力、自然、知识与社会资产，认为可持续发展是以上资产的增加。社会资产不仅有助于提高环境资产、物质资产的生产力提升，还有助于加快人力资本积累。世界银行社会资本协会将社会资本分为广义的社会资本和狭义的社会资本，他们认为，广义的社会资本是指政府和市民社会为了一个组织的相互利益而采取的集体行动，该组织小至一个家庭，大至一个国家。

在农业发展的进程中，农地"三权分置"为外来新经营主体入驻传统农村打开了制度的桎梏，乡村振兴、城乡融合发展战略的提出，扭转了土地、劳动力以及资本由乡向城的流动方向，知识、技术及资本等要素开始在乡村寻找新的运营场所。新经营主体入驻与农民工返乡创业成为农业经济发展的主力军，改变了传统乡村的封闭状态以及自给自足的经营模式。与传统农户经营不同的是，农民工返乡或者新经营主体的农业经营更注重与社会的联系，返乡农民工利用在务工过程中积累的见识、知识、技术或关系网络返乡经营，打破了父辈"肩扛背驮"的传统耕作模式，并将自身经营置身于社会化生产中，强化了农业经营产品与市场的关联；外来新经营主体在乡村入驻的同时将其与外部联结的社会资本带入农村，为传统乡村的发展创造了新的社会联系和社会环境，改变着人们的生活。更多地运用社会资本为生产经营服务以及更多地与外部社会对接，是传统农业向现代农业转型的重要特征。因此，分析当前农业经济发展以及农民收入的增长时，更应关注农民自身所拥有的社会资本的作用以及外部社会资本嵌入对农民收入的影响，探讨农业经济发展与农民收入的增长的新源泉，并为中国农业农村发展提供适合中国国情的分析情境。

20世纪20年代，波兰尼（Polanyi）提出"嵌入"与"整合形式"等概念极大地丰富了社会经济学的内涵。他认为，人类经济作为一个制度过程嵌入于经济与非经济制度之中。在市场机制尚未健全的时期，经济行为以相互获利、相互交换以及再分配为特征嵌入于社会文化和结构中；但随着经济的发展与市场交换机制逐步完善，市场价格对经济活动起着"指挥棒"作用，厂商与消费者对利润最大化有着理性追求，经济活动受社会文化环境的影响逐步减弱。格兰诺维特（Granovetter）在波兰尼"经济嵌入社会"理论主张的基础上对嵌入性问题进行了进一步阐述，以一种新的社会学视角——社会结构和社会网络来研究经济行为和经济秩序，其论著《经济行动与社会结构：嵌入性问题》（1985）的相应观点对"经济嵌入社会"理论有着较大的发展和补充，是新经济社会学的代表作（曲仲丽，2012）。格兰诺维特认为，当行为主体的决策不仅仅要考虑自身利益最大化，而且还要考虑外部关系的影响时，"嵌入性"行为就发生了，这一观点与主流经济学有区别。主流经济学对主体有着"理性人"假设，行为主体间不发生关联，市场与经济是基本环境，社会是假定不变的外生变量。而以格兰诺维特为代表的新经济社会学派认为，经济主体之间的行为是相互影响的，经济是社会的组成部分，社会是经济行为的基本背景环境。

新经济社会学的研究观点与当前农业经济发展的实际更为吻合，因此本书依据新经济社会学与经济学的相关理论，对社会资本影响农民收入增长的问题进行分析，解析其内在的影响机理，探讨新的农业转型时期农业经济增长与农民增收的新要素来源。

1.1 研究背景

1.1.1 传统要素配置下增收乏力亟需寻找新的要素支持

近年来，农村居民人均可支配收入总数持续增长，2022 年农村居民人均可支配收入 20133 元，比上年增长 4.2%，农村居民人均可支配收入增长主要来源于工资性收入及转移性收入。而农村居民经营净收入增长较为缓慢，如图 1-1 所示，乡村产业振兴与农业经济增长乏力。

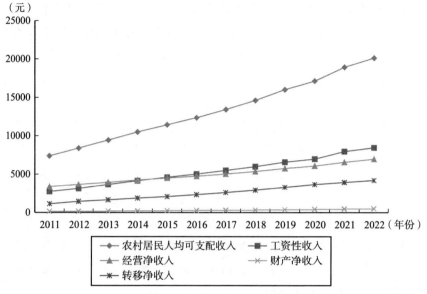

图 1-1 农民收入结构变化

资料来源：根据 2011~2022 年《中国统计年鉴》相关数据整理。

一是农地资源紧缺、农地细碎化、化肥农药增量使用导致土地板结以及耕地撂荒等，导致农业增长和农民增收乏力。目前我国已经有 664 个市县的人均耕地在联合国确定的人均耕地 0.8 亩的警戒线以下。二是农业主体兼业化与低质化制约农业发展。2016 年，农业劳动力比重为 27.7%，从 2005 年到 2019 年，农业就业人数减少约 5800 万人，减少了 11% 的农业劳动力[①]。中国农业正面临劳动力危机。同时劳动力受教育程度低，农民科技文化素质低等制约着农业经济增长和农民增收。三是农资及农业服务成本制约农业增收。由于农业劳动力成本、土地租金以及农业生产中的农机、化肥、农药、农膜等生产要素使用越来越多，农业正进入高成本发展阶段，农业成本的提升使得农业盈利水平受到的挤压愈发明显。传统农业种植除去种子、化肥、农药、薄膜、抽水等成本后，基本无钱可赚。四是组织化程度低，缺乏市场影响力，制约农业经济和农民增收。农业合作组织与小农户衔接的覆盖范围

---

① 蔡昉. 农业劳动力转移潜力耗尽了吗？[J]. 中国农村经济，2018（9）：12.

尚十分微弱，小农户整体上处于分散、封闭的状态，组织程度低，在要素市场和产品市场上处于近乎单打独斗的状态，与其他有组织的相关利益主体进行博弈时，明显处于"信息劣势"和"组织劣势"的地位，缺乏市场影响力。农地资源匮乏、农村劳动力紧缺、农业生产成本攀升以及农业组织化程度低等传统要素与落后制度制约着农业经济和农民收入增长。

传统要素受到边际效益递减规律约束，以致农业经济增长与农民增收受到制约，农业产业发展以及农民收入增长仅依靠原有的劳动力、资本以及土地等传统要素显然不能满足增长的需求。农业生产经营是基于一定金融资本、人力资本、技术支持和社会资本禀赋的前提下进行的生产活动，与城市创业的经营者相比，农户缺乏丰裕的金融资本和人力资本，但中国农村基于"亲缘、血缘、地缘"的社会关系网络让农户拥有了丰富的社会资本，其不仅能影响农户生产和经营行为，还能提升农户的人力资本和金融资本水平。随着乡村农业规模经营"榜样力量"的扩散与影响，越来越多的农户开展了大大小小的规模经营，通过在本村租地、到外村租地等方式实施规模经营。然而，并不是所有的规模经营农户都获得了应有的收益。有些农户在生产经营的过程中能够较为容易地获得资金、技术及土地等资源和资本，但有些农户却因缺乏资金、技术和土地资源停留在传统的耕作和管理方式阶段。即使拥有相同的物质资本、资金资本及人力资本，位于不同经营区域和条件的土地收益也不尽相同。

在传统生产要素受报酬递减规律约束的条件下，探讨新要素对农业增长的促进作用成为改造传统农业、有机衔接现代农业的必然要求。对经济增长新要素的探索、寻找新的边际效益递增要素供给成为新时代经济增长新理论的主题，是破解当前农业经济发展的瓶颈，也是实现乡村产业振兴的关键。以社会资本为农业经济增长的新要素供给，探寻社会资本对农民收入增长的影响机理与途径，是对经济增长新要素供给理论以及对递增要素的探索，也是对农民收入增长供给新要素的实践。

1.1.2 小农生产缺乏社会联系阻碍增收亟需探索新的联合路径

长期以来，以家庭为主要经营单位的小农经济占据农业发展的主导地位。

人多地少是中国农业资源禀赋最突出的特征。据第三次农业普查数据显示，全国农业经营户2.074亿户，规模经营农户仅398万户，占比不到2%①。地区农业生产经营人数如图1-2所示。各地区小规模农户占全体农户的绝大多数，其中，西部地区最多。

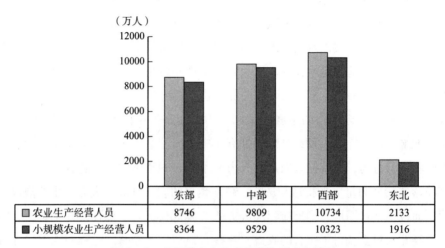

（万人）

图1-2　小规模农业生产经营人员分布情况

资料来源：图中小规模农业生产经营人员数由第三次全国农业普查数据计算而得。

中国农业生产仍然以小农为主，小农户是农业经济发展的主体，以家庭为单位，生产资料个体所有制为基础，主要依靠自己的劳动力，满足自我消费为主的小规模农业经济。小地块分散经营的小农经营难以成为农民致富的主要手段，农业生产力还停留在较低的水平，农业抵御自然灾害和风险的能力较弱，改革开放后家庭联产承包责任制的实施以及包产、包干到户，激发了农民进行农业生产的积极性，但以家庭为单位的经营特征仍然使得农业经营具有小农经济的分散性特征，家庭劳动力以及资金资源对农业发展有着重要影响。

从家庭承包耕地流转总量来看，2010年，承包耕地流转总量18218万亩，2020年承包耕地流转总数为53219万亩，是2010年的近3倍。从流向来看，相

---

　　① 第三次全国农业普查主要数据公报［EB/OL］.（2023-02-23）. https：//www. stats. gov. cn/cj/pcsj/nypc/202302/U020230223531273769774. pdf.

对于农户而言，流向其他主体、企业以及合作社的耕地更多，耕地流向这三类主体的趋势有明显增加现象，尤其在 2012 年以后，具体如表 1 - 1 所示。

表 1 - 1　　　　　　　家庭承包耕地流转去向　　　　　　单位：万公顷

类型	2010 年	2011 年	2012 年	2013 年	2014 年	2015 年	2016 年	2020 年
农户	860. 87	1027. 73	1027. 73	1373. 27	1569. 60	1747. 07	1865. 13	2133. 80
合作社	147. 73	203. 67	294. 00	462. 93	589. 27	649. 13	689. 40	763. 53
企业	70. 53	127. 20	170. 40	214. 67	258. 80	309. 20	309. 20	370. 60
其他主体	135. 40	161. 00	190. 67	225. 20	271. 60	300. 53	313. 00	280. 00

注：本表数据由《中国农村合作经济统计年报》和《中国农村政策与改革统计年报》整理而得。

为鼓励农村土地充分利用、盘活农村闲置耕地，解决"谁来种地？谁能种好地"的问题，2014 年国家提出了农地"三权分置"政策，将农地原有的所有权、承包经营权两权分离，变为所有权、承包权和经营权三权分置。以稳定农民土地所有权、保留农户承包权、放活经营权的原则，鼓励公司、企业、合作社等农业新经营主体下乡。因此，2014 年之后，流向公司、企业及合作社等新经营主体的耕地也就越来越多，农业新经营主体成为农业发展的重要力量。

近年来，各地也在不断探索小农经济的破解之路，走农业经营的联合合作的路径，小农户之间以及小农户和合作社（合作组织）之间联合起来，建立以农民为主体的农业产业组织体系，把分散的小农户以及农业经营主体有机组织起来，让农民成为农业产业化的主体力量的联合经营模式已经初见成效，对拉动小农户增收有着积极重要的作用。根据农民日报社三农发展研究中心关于合作社调查的数据显示[①]，合作社对小农户的增收表现出较强的带动能力，在其调研的 555 家有效样本中，能够带动入社农户户均增收 2000 ~ 4000 元的合作社达到 40.2%，2000 元以下的达到 21.8%，6000 元以上的达到 19.4%，4000 ~ 6000 元的达到 18.6%。大部分合作社都能够通过分红、二

① 郭芸芸，胡冰川，方子恒. 2019 中国新型农业经营主体发展分析报告（一）[N]. 农民日报，2019 - 02 - 22.

次利润返还等方式带动农民增收。参与调查的合作社中，2017 年有 61.6% 的合作社进行过分红，有 41.5% 实施过对社员农户的二次利润返还。据农业农村部政策与改革司统计，截至 2018 年底，全国有 385.1 万个建档立卡贫困户加入了农民合作社，全国返乡下乡"双创"人员已达 700 多万人[1]，新经营主体与农衔接成为小农户有机衔接大市场、小农经济向现代农业快速转型的重要引导力量，更多的新型农业经营主体与小农户之间产生紧密的利益联结关系，带动小农户快速衔接大市场，促进传统的小农经济快速向现代农业转型。

尽管农户之间、农户与新经营主体之间的联合具备强大的增收能力，但由于各种原因，还有数量相当庞大的小农户没有参加农民合作社（组织）。截至 2018 年 12 月，加入农民合作社的农户有 7400 万户，占全国农户数的 25% 左右（杜志雄，王新志，2020），而且相当比例的农民合作社或者是为了套取国家的财政资金，或者是地方政府出于政绩需要成立的，基本上是形同虚设，无法起到带动农户的作用（杜志雄，王新志，2020）。农地是农民开展合作的常用资本，从耕地流转的流向数据观察，农地流转主要是在农户间进行，与企业和合作社等新经营主体开展土地合作的情况占比较少，农民与合作组织的紧密型联结尚未普遍建立。

农民与农业合作组织之间的联结，农业生产与现代市场经济有机结合起来，农民以土地承包经营权、农房、劳动力或者资金入股，加入农民专业合作社、农业公司、农业专业化服务、专业技术协会等，成为其合作者或农业产业供应链中的一环，改变传统农业分散经营、小户经营的状况，扩展农民的社会关系网络，延伸农民的触角与社会联系，利用新经营主体的联合资源为农户生产服务，是小农经济向现代农业转型的重要路径。拥有以及主动扩展自身社会资本的小农户更容易从农业资本链条中获益。

农户的生产经营行为并不完全是"理性经济人"的行为，也不是"原子化"的个人行动，其经济行动是受社会关系制约，与当地社会产生较为密切的关联，并在不断变化的社会关系中追求目标的实现。尤其是在中国乡村的

---

① 农业农村部. 农业农村部关于印发《新型农业经营主体和服务主体高质量发展规划（2020 - 2022 年）》的通知［EB/OL］. (2020 - 03 - 03). http：//www. gov. cn/zhengce/zhengceku/2020 - 03/24/content_5494794. htm.

"熟人社会"与"半熟人社会"环境下，农业生产行为更要考虑与农户的社会关系紧密相连。尽管城市化对传统乡村的差序格局有着较大的冲击，但中国乡村的乡土特色依然长期存在，从以地缘、血缘和亲缘联系为基础的乡村社会关系差序格局出发探讨社会资本嵌入对农地规模经营与农民收入增长的影响具备中国特色情境。因此，在农业发展的转型时期，探讨农民社会资本扩展与农民收入增长的关联，促进小农户更好地与大市场和现代农业衔接，显得尤为迫切。

1.1.3　新经营主体乡村入驻改变了社会资本并使增收面临新趋势

2014 年农地"三权分置"政策的提出破解了农村土地流转的制度藩篱，农民在生产经营中试图改变农地细碎、经营分散以及乡村封闭的现状，探索以土地流转为特征的适度规模经营、以合作为基础的集聚经营以及以开放为尝试的联合经营。一些小农户逐步向专业农户、专业大户、小农场以及家庭农场转变，未及时转型的小农户也纷纷尝试探索转型之路。农业合作社、农业（公司）企业、农业综合联合体的乡村入驻也成为普遍现象，农业适度规模取得初步成效。

党的十八大以来，新型农业经营主体和服务主体呈快速发展趋势，截至 2023 年 10 月底，全国登记在册的合作社数量为 221.6 万家，组建农民专业合作社联合社（以下简称"联合社"）1.5 万家[①]。2022 年社均家庭农场成员数量为 9.73 家，近两年年均增长 18.75%。分区域看，西部地区、中部地区和东部地区合作社家庭农场成员数量分别达到 12.53 个、11.62 个、7.83 个。全国已有 37 万个农业生产托管的社会化服务组织，服务对象达 4600 多户。各类新型农业经营主体和服务主体快速发展，各种类型的新型农业经营主体总量超过 300 万家，成为推动现代农业发展的重要力量[②]。农民合作社规范

①　高杨，魏广成，曹斌. 2023 中国新型农业经营主体发展分析报告（一）——基于中国农民合作社 500 强的调查 [N]. 农民日报，2023 - 12 - 22.
②　农业农村部. 农业农村部关于印发《新型农业经营主体和服务主体高质量发展规划（2020—2022 年）》的通知 [EB/OL]. (2020 - 04 - 23). http://www.moa.gov.cn/nybgb/2020/202003/202004/t20200423_6342187.htm.

化水平不断提升，依法按交易量（额）分配盈余的农民合作社数量约是 2012 年的 2.5 倍，全国以综合托管系数计算的农业生产托管面积为 3.64 亿亩，实现了集中连片种植和集约化经营，节约了生产成本，增加了经营效益。

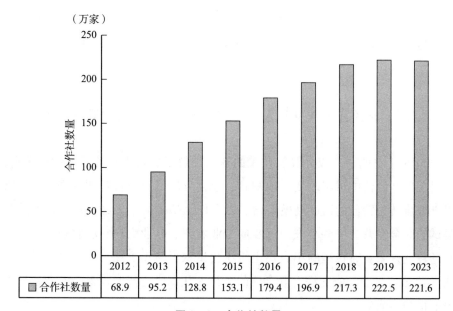

图 1-3　合作社数量

注：数据来源于 2019 年、2020 年、2023 年中国新型农业经营主体发展分析报告（2023 年数据截止到 2023 年 10 月）。

截至 2023 年 10 月底，全国登记在册的合作社数量为 221.6 万家，组建农民专业合作社联合社（以下简称"联合社"）1.5 万家。如图 1-3 所示。较 2009 年增长 9 倍多，500 强合作社成员中家庭农场成员数量稳步增加。2022 年社均家庭农场成员数量为 9.73 家，近两年年均增长 18.75%。2022 年，500 强合作社统一销售农产品总数、统一采购农资总数分别为 1111085.74 万元和 357926.36 万元，近两年年均增长率分别达到 12.37% 和 7.87%。表明 500 强合作社在为农户统一采购农资、销售农产品中的作用正逐步增强。与此同时，全国发展了各类联合社超过 1.5 万家，平均每个联合社带动 12~13 个成员社。随着 500 强合作社经营规模拓展，入社成员数量增多，积极加入联合社，其组织化、规模化优势将进一步强化。

随着城乡融合发展战略的实施，更多的要素从城市流向农村。资金、技术以及人员的村域落地所形成的产业集群和园区经济、富民乡村产业的打造为农业发展提供了典范。家庭农场、农业合作社等新经营主体的乡村入驻如雨后春笋方兴未艾，新经营主体与农衔接，改变了乡村农民的就业环境，在农民生产生活的周围提供了很多就业岗位，使得农民可以在兼顾农业生产的同时获得多收入渠道以及完善村庄和家庭的社会结构，为乡村发展保留重要力量；新经营主体与农衔接，为传统农民的生产经营带来了现代农业的"示范效应"和"扩散效应"，为农民提供了榜样的力量和模仿的对象，农民可以从事与新经营主体相同、类似或者互补产品的生产和经营，搭乘新经营主体带来的现代农业快车，与大市场有机衔接；新经营主体的乡村入驻为乡村带来了资本、资源和资金的集聚，通过集聚和扩散效应辐射和影响周边的农民；与此同时，新经营主体与农衔接，还为农民带来了广阔的市场渠道，农民作为新经营主体的合作者，或是供应链条中的组成部分，依靠新经营主体的力量与市场对接，强化了自身的竞争力。

农民以土地、农房、资金以及劳动力入股与新经营主体建立合作关系，加入当地的农业生产或经营合作社，扩展自身的社会网络资源，也补充新经营主体的网络结构。这对于农民而言，多数情况下是利大于弊。加入农业生产协会、商会、合作社也成为当今小农户发展农业生产的常态。新经营主体的乡村内部成长与外源入驻改变了乡村的经济社会环境，也为自己的资本、资源和项目落地落实了新的空间，彼此影响和相互改变，在合作中互惠互利，实现共赢发展。

1.1.4 农业新政延伸了社会资本并使农业增收面临新形势

近年来，国家通过制定相关政策不断往农村输入资金力量、科技人员以及扶贫工作队伍等，为农业发展、农村繁荣以及农民增收不断输入社会资本新动力，让农民多渠道增收成为农业政策的目标指向和根本目的。

《决胜全面建成小康社会 夺取新时代中国特色社会主义伟大胜利——在中国共产党第十九次全国代表大会上的报告》《中共中央国务院关于实施乡

村振兴战略的意见》《中共中央国务院关于抓好"三农"领域重点工作确保如期实现全面小康的意见》均提出了培育新型农业经营主体。《中共中央 国务院关于学习运用"千村示范、万村整治"工程经验有力有效推进乡村全面振兴的意见》提及"以小农户为基础，新型农业经营主体为重点、社会化服务为支撑"，2023 年中央一号文件也提及"支持家庭农场组建农民合作社、合作社根据发展需要办企业，带动小农户合作经营、共同增收"等。对于小农户的扶持，地方实践采用了联合与合作、产业化联合、利益联结以及联合体等政策措施。此外，关于扶持和发展小农户的其他方式，还包括"发展专业化服务组织""推进农业社会化服务""打造区域公用品牌，开展农超对接、农社对接""订单农业、入股分红、托管服务"等，带动小农户发展。可见，发展农业经济与促进农民增收，不是放弃小农户，而是将小农户与新经营主体联合、合作经营，将小农户纳入现代农业生产的轨道。

此外，国务院办公厅颁布的《关于推进农村一二三产业融合发展的指导意见》提出将要素流动与人才引进等多措并举，不断充实乡村的社会资本，加强外部社会与农民之间的联系，打破了农民之间、农民与企业之间、农民与乡村外部社会甚至是农民与国际市场的地理区隔，信息打破了时间和空间的限制，农民可以快速获得先进的生产技术指导、生产经营管理经验的传播、社会化服务信息以及市场终端需求。《农业农村部办公厅关于印发〈社会资本投资农业农村指引〉的通知》提出"引导社会资本将人才、技术、管理等现代生产要素注入农业农村"，乡村要素流动呈现"引进来"和"走出去"相结合的特征，巩固农业基础地位、推动农业农村优先发展。与此同时，制定政策鼓励乡贤返乡、大学生回乡、科技队伍驻乡等，改变了农村传统的"993861 部队"①的格局，返乡、回乡与驻乡的乡村精英带着自身联系的社会资本，不断完善乡村的家庭结构、社会结构，在为乡村注入新生力量的同时，也在逐渐改变着农村的生活。不断推进农业生产全程社会化服务，帮助小农户节本增效。小农户之间、小农户与新经营主体之间，以及新经营主体之间的多样化联合与合作，提升了小农户组织化程度，将农民脱贫增收的问题提到了新的高度。

---

① "99"指老年人，"38"指妇女，"61"指儿童。

1.2　问题的提出

与西方资本主义国家所倡导的个体主义、个性化特征相区别的是，中国是践行和倡导集体主义的国家。所谓乡土中国，一方面，同乡之间、同村之间的农民称为"老乡"，在情感上有着较为紧密的关联，尤其是当同乡人在外地的时候，通常会建立"同乡会""老乡会"或地区商会等，以建立彼此的关联；另一方面，乡土中国也意味着农民对土地有着特有的情愫，人们（尤其是农民）大多希望"落叶归根"，中国农民与土地的联系，如同与人的情感，农民返乡，乡村精英能够返乡，大多归结于农民对乡村人民以及乡村土地的情感。因此，以社会关系网络为基础的社会资本对农民生产经营绩效可能有着重要影响，分析社会资本嵌入与农民收入的关系，也是在中国情境下的适应性选择。

然而，社会资本嵌入究竟与农民收入增长关系之间有着何种关联？在可持续生计分析框架中，社会资本与自然、金融、物质和人力资本一起，作为影响生计策略和生计结果的重要因素，社会资本具有有形与无形的双重特性、递增边际效益、使用非排他性特征，社会资本与其他生计资本影响生计结果的机理和效应有何不同？社会资本对其他有形生计资本是否具有配置和调节作用？在乡村振兴战略和城乡融合发展的背景下，新经营主体下乡以及新经营主体携带的工商型社会资本对乡村社会有着不同程度的影响，那么，外来的社会资本与内生成长的社会资本对农民收入影响的机理和渠道又有何差别？

带着这些问题本书尝试在借鉴以往理论研究成果的基础上，试图对农户的社会资本嵌入特征进行剖析，寻找社会资本嵌入影响农民收入增长的机理和效应，得出结论，以期进一步为促进小农户与现代农业有机衔接奠定基础，从而为政府及相关部门制定促进乡村联系的措施、完善土地政策、促进农民增产增收提供理论支持和决策指导。

基于以上分析问题，本书首先从个体层面出发，探讨农民个体社会资本影响其自身生计资本的资源配置效应，探讨相邻农户社会资本影响农民收入增长的空间溢出效应；其次从群体层面出发，探讨区域社会资本外源嵌入与内生成长型的社会资本对农民收入影响的资源融合效应。

1.3 研 究 意 义

从当前我国农业经济发展的实践来看，社会资本在促进农业经济发展与农民增收领域发挥了重要作用。小农户与新经营主体联合，扩展和延伸自身的社会资本，在一些地区的探索中也出现了典型案例，为农民提供了可资借鉴的经验。但是，小农户通过与新经营主体的联合经营对接大市场和有机衔接现代农业尚处于探索和摸索阶段，社会资本与农民收入增长的相互关系也尚未形成统一定论。目前，国家制定相关政策，加强小农户与新经营主体的联合和合作，增强小农户与外部社会、大市场和现代农业的有机衔接，力求通过组织与合作的方式改善农民的资源禀赋、生产能力和生产效率，提升农户收入水平。因此，要深入了解农民社会资本对其收入增长影响的现状、内部影响机理以及影响效应等内容，解析社会资本嵌入农民经济生活的机理和效应，为农户更好地对接大市场以及有机衔接现代农业提供路径借鉴，也为政府制定促农增收相关政策提供参考。

具体而言，研究意义表现为以下几个方面。

第一，从理论价值来看，基于规模经济、集体行动、可持续生计等理论，对社会资本嵌入影响农民收入增长的机理和效应进行研究，并对假设进行了实证检验，这为新时期农民增收奠定了新的理论基础。一是丰富了新古典经济关于经济增长的要素供给理论。本书对社会资本嵌入影响农民收入增长的机理进行分析，实际上也是为了探讨农业经济发展以及农民收入增长的新要素供给来源，丰富了新古典经济理论关于经济增长的要素供给理论，深化了要素供给理论的内容。二是深化了规模经济理论的内容。从嵌入的对象出发，分析社会资本的自我嵌入对农业经营产出（绩效）产生影响，实证和深化了内部规模经济的理论内容。分析社会资本的他人嵌入对农民收入影响的空间溢出效应，是探讨农民身边经营环境的变化对农民个体生产绩效的影响，使外部规模经济理论得到实际验证。三是构建了"社会资本嵌入→内部（外部）规模经济→农民收入变化"这一分析框架，丰富了社会学对农户经济行为的研究内容，为新时期农业转型发展和农民收入增长提供了理论支持。

第二，从实践价值来看，小农经营在中国农业经济中尚处于主导地位，小农户与现代农业的衔接尚处于探索阶段，农业现代化进程正处于"攻坚克难"期，农民持续增收的动能还不足。本书将厘清农户（农业）社会资本嵌入与农民收入增长的关系，并对其影响机理和途径作深入解析。这将有助于农民正确认识和利用个体及群体的社会资本，并通过合适的途径促进其收入增长，从而有利于指导小农户与大市场的对接以及小农户与现代农业的有机衔接，继而实现中国农业和农村的现代化，让广大农民共享现代化发展成果。

第三，从政策价值来看，实现小农户与大市场对接以及与现代农业的有机衔接，亟需政府出台相应扶持政策。本书对社会资本嵌入农民经济生活影响农民生计资本配置进而影响农民收入的机理进行效应分析，从理论上阐释二者相互影响的机理和渠道。这为指导政府制定农户与新经营主体合作的激励政策提供了思路和方向。

1.4 研 究 设 计

1.4.1 研 究 目 标

要有效地实现乡村振兴战略，必须着力于提高农民收入，弄清农民收入增长的来源。本书以农民收入为研究对象，将社会资本与其他生计资本联系起来，重点分析社会资本嵌入影响农民收入增长的机理。通过理论分析和实证分析，本书的研究目标是探讨社会资本对农民收入增长的影响关系，研究社会资本对农民收入增长的传导机制。

目标1：从农民个体层面的社会资本入手，探讨个体农户家庭社会资本对农民生计资本的"黏合剂"作用与"催化剂"作用。前者的"黏合剂"作用即通过农民个体社会关系网络整合，促使自身其他资本的收入效应转化。从内部规模经济的角度探讨农民个体社会资本对自身生计资本的配置作用进而对农民收入增长的机理和渠道，验证社会资本的"资源黏合作用"；从外部规模经济的角度探讨相邻农民个体社会资本对农民收入增长的空间溢出，效应，验证社会资本的"收入催化作用"，通过调节相邻农户的生计资本，增加或减少资本的空间溢出，从而调节相邻农户生计资本对农民收入的影响。

目标2：从农业新型经营主体内生成长以及外源嵌入引起乡村区域社会资本变化的群体视角入手，探讨外部区域社会资本对农民收入的"桥梁"作用。相对于传统农户而言，村庄内生成长的农业大户为农户经营提供最直接的易复制的样板。外源嵌入的经营主体为乡村社会注入新的活力，也改变了乡村的经营结构。内外嵌入的产业和社会力量扩展了农民的经营视野，也为乡村传统生活生产方式带来改变。因此，本书的目标之二，是探讨社会资本的不同嵌入模式对农民生计资本配置作用的差异，以及对农民收入影响的渠道差异。从社会资本嵌入来源及程度的角度，探讨社会资本无（低）嵌入、外源松散型嵌入以及内生紧密型嵌入模式对农民生计资本资源配置的差异，进一步验证社会资本嵌入对农民收入增长所形成的外部社会环境变化内化配置资源所引起的交叉效应，验证社会资本的"桥梁"作用。

1.4.2 研究思路

基于可持续生计理论框架，构建"社会资本嵌入→内部（外部）规模经济→农民收入变化"的分析框架，分析农户社会资本与其他生计资本对农民收入增长的影响关系。鉴于社会资本区别于其他生计资本所特有的双重属性以及使用"非排他性"特性，本书着重分析社会资本通过对其他生计资本配置作用进而影响农民收入的渠道，以及社会资本通过空间溢出效应对相邻其他农户的收入产生影响，从内部及外部双重角度分析农户个体社会资本作用于收入增长的影响机理。进一步引入农业新经营主体的内生和外源嵌入所形成的区域外部社会资本，探讨外部社会资本嵌入发挥内部资源配置作用所形成的交叉效应影响农民收入变化。

1.4.3　研究内容

第 1 章为绪论，是本书的铺垫和逻辑起点。就本书的研究背景及研究意义进行阐述，对相关文献进行综述与评价、阐明本书研究目标、研究思路、研究内容、技术路线、研究方法以及创新点等内容，为本书的研究奠定基础。

第 2 章为文献综述及简要评价。对社会资本概念及其测度、社会资本嵌入及其方式研究、社会资本指标体系构建及其测度方法、农民收入增长要素供给相关研究、社会资本嵌入与农民收入增长等进行综述，以及对综述进行简要综述和评价。

第 3 章为概念界定、理论基础和研究框架。本书对所涉及的资本与生计资本、社会资本嵌入以及农民收入等几个相关概念进行界定；对本书所涉及的理论基础进行介绍，以社会资本理论、规模经济理论、集体行动理论和可持续生计理论为研究的理论基础，对其进行理论的介绍和适用性说明。基于上述理论分析，构建"社会资本嵌入→内部（外部）规模经济→农民收入变化"这一分析框架，作为本书的研究基础。

第 4 章为社会资本嵌入对农民收入增长影响的历史演进与现实考察。首先对社会资本嵌入与农民收入增长的历史演进进行梳理，将社会资本在传统农业时期的"嵌入"经济阶段、农业转型时期的"脱嵌"经济阶段以及城乡融合发展时期的"再嵌入"经济阶段的特征进行分析。其次对社会资本影响农民收入增长的现实调查情况进行介绍，分别介绍了研究区域概况与产业扩散的社会资本整体特征、区域社会资本不同嵌入模式下农民生计资本及收入特征以及区域社会资本不同嵌入模式下农民收入来源和差距。历史梳理与现状考察为本书的研究奠定了数据基础。

第 5 章为社会资本嵌入对农民收入增长影响的机理分析。本章由三小节构成。5.1 节为个体层面的农户社会资本自我嵌入下的内部资源配置效应机理分析，针对农民个体社会资本对农民生计资本配置进而影响农民收入增长内部"黏合"作用进行分析并依此提出研究假说；5.2 节为个体层面的农民社会资本他人嵌入下的空间溢出效应分析，探讨相邻农户社会资本影响农民收入增长的外部"催化"作用并依此提出研究假说；5.3 节为群体层面的机理分析，是从农业新经营主体的内生成长以及外源嵌入对农民社会收入影响的差异性入手，对区域社会资本影响农民收入增长的机理进行解析并依此提出研究假说。

第 6 章为社会资本嵌入对农民收入增长影响的模型构建与变量选择。针对个体层面的农民个体社会资本配置其生计资本影响农民收入增长的内部规模效应，构建基于连续变量的条件过程分析模型，分析社会资本通过影响自然、金融、物质以及人力资本对农民收入增长的中介效应，和社会资本对以上资本收入效应的调节作用；针对相邻农民个体社会资本影响农民收入增长外部规模效应的机理，构建通用嵌套空间模型并对其退化模型进行遴选，分析相邻农户的社会资本、自然资本、金融资本、物质资本及人力资本对农民收入增长产生的空间溢出效应；针对群体层面的区域社会资本影响农民收入增长的机理，区分社会资本嵌入的不同模式，将前述的条件过程分析模型调整为多分类变量的条件过程分析模型，对社会资本无（低）嵌入、外源松散型嵌入以及内生紧密型嵌入的社会资本影响农民收入增长的机理进行比较分析。

第 7 章为社会资本嵌入对农民收入增长影响的实证研究。基于广西 397 户有效样本农户的调研数据验证个体社会资本与农民收入增长以及区域社会资本与农民收入增长的关系。具体而言，验证了农民个体社会资本通过影响生计资本进而影响农民收入增长的中介效应、个体社会资本对农民对生计资本收入效应的调节作用以及相邻农民个体社会资本及生计资本对农民收入增长的空间溢出效应；同时对区域社会资本的无（低）嵌入、外源松散型嵌入以及内生紧密型嵌入等不同模式对农民收入增长的差异进行比较分析，探讨不同情境下社会资本嵌入影响农民收入增长的差异。

第 8 章为研究结论、政策建议与进一步的研究方向。本章概括全书的研究结论，并依此得出相应的政策建议。开展经营主体间资本领域的多元合作为收入增长提供资源基础、建立社会资本联结的组织与平台为收入增长提供承载主体、构建社会资本组织合作的利益联结机制为收入增长提供持续动力、完善社会资本联结的政策体系为收入增长提供制度保障。通过以上政策措施更好地增强社会资本的"资源黏合剂"作用、"收入催化剂"作用和"桥梁"作用。

1.4.4 技术路线

本书的技术路线如图 1-4 所示。

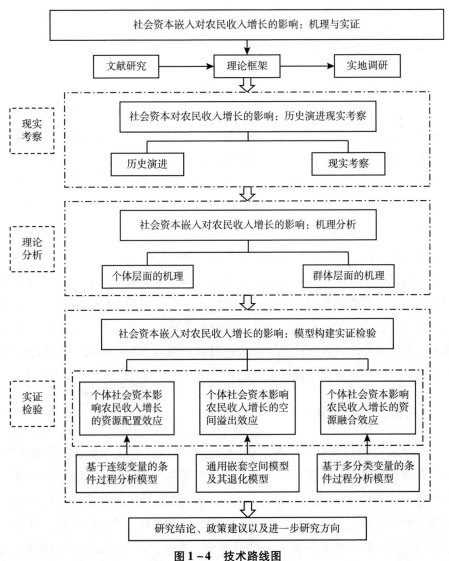

图 1-4 技术路线图

1.4.5 研究方法

本书运用定性与定量相结合的方法对社会资本嵌入影响农民收入增长的机理进行规范和实证研究，具体研究方法主要有以下几种。

1.4.5.1 质性研究法

基于农户在不同的社会情境中运用社会资本作用其生产过程的现状以及本书的研究目的，考虑到当前社会资本嵌入农户经济生活对农民收入产生影响这一机理探索尚未形成定论，因此本书选择质性研究方法对极具代表性的农户群体进行探索性分析，对广西砂糖橘农户的生产特征、生产方式以及生产过程进行细致观察、记录和分析。在自然情境下采用观察、访谈及资料收集等多种方法对农民社会资本影响农民收入增长的社会现象进行整体性探究，使用归纳法整理和分析所获资料和数据，并依此形成理论。在这一过程中，作者及团队保持与砂糖橘种植农户的有效互动，依此获得农户生产的阶段性特征和持续性特征。在此基础上，着重探讨社会资本嵌入下农民收入增长机理与路径，分析提炼和归纳社会资本的嵌入状态与范围，运用新的理论发现新的观点。在研究的过程中，保持与研究对象的互动和联系，不断更新补充资料，对社会资本嵌入农民经济生活并对农民收入产生影响这一关系进行机理构建和实证分析进而形成研究结论。

1.4.5.2 实地调研法

综合运用问卷调查法、入户访问法、观察法（直接观察法、环境观察法）等多种方法对区域农户社会资本、自然资本、金融资本、物质资本以及农民收入状况进行深入重点调查。此外，还要关注农户所在的村庄特征以判别其经营环境和生产经营的总体特征、关注农户的自身特征以判别农户开展农业经营的个性化差异。在调研的过程中，充分借助村干部、生产队队长、生产合作社以及非正式领导小组成员的力量，通过组织开会进行集中调研，通过走村入户进行分散调研。在具体执行的过程中，对于不方便直接拜访的农户，采用电话访问法、计算机辅助调查、邮件调查等多种方法获得数据。在抽样调查、数据整理的基础上采取定性分析和定量分析相结合的分析方法，深入剖析农户社会资本嵌入对农民收入的影响规律。

1.4.5.3　定性分析与定量分析相结合的方法

本书采用定性分析与定量分析相结合的方法，对农户社会资本嵌入、农户生产经营特征和农民收入状况进行细致刻画和定性描述。

在定量分析方面，本书多次采用了定量分析方法对社会资本嵌入影响农民收入增长的机理进行深入剖析，主要体现在以下几个方面。

第一，在对社会资本的测度方面使用变异系数法，系统构建了农民个体层面的结构型社会资本嵌入与关系型社会资本嵌入指标体系，对现有社会资本指标测度进行了完善和补充，更具有针对性。变异系数法对指标体系的测度更能反映被评价单位的差距，与其他方法相比，变异系数法确定权重是以平均值作为标准，用标准差与平均值的比值来确定数据的波动幅度，解决了数据量纲化的问题。它的思想是利用数据的变异系数进行权重赋值，变异系数越大，说明这组数据所携带的信息量也越大，因此需要给这一组数据赋予较大的权重；反之，变异系数越小，说明这组数据所携带的信息量就越小，赋予这组数据的权重也就越低。因此变异系数法是一种较为客观的赋权方法，它可以消除主观赋权法的弊端，让赋权更加符合数据的规律和实际。

第二，在分析个体层面的农民社会资本对农民生计资本的资源配置作用时，采用了基于连续变量的条件过程分析模型，探讨农民个体社会资本对农民收入增长的影响机理和渠道，丰富了可持续生计理论及内部规模经济理论的内容。条件过程分析方法通常被用来分析二者关系的影响机理与影响过程，包括有调节的中介效应模型和有中介的调节效应模型。对于社会资本影响农民收入增长这一关系而言，社会资本可能不直接对收入增长产生影响，但可能通过影响其他生计资本间接地对农民收入产生影响，因此，可使用中介效应模型来解释这一机理。同时，社会资本可能对其他生计资本影响农民收入的过程产生调节作用，因此，基于这一机理分析，将社会资本通过影响其他生计资本进而影响农民收入增长的中介过程进行调节分析，这一过程称为条件过程分析。有条件的（具有调节作用）的过程（通过中介变量影响）分析更能反映社会资本和农民收入增长之间关系的影响过程和作用机理，通过条件分析方法深度刻画这一影响过程，是比较适合的一种方法。基于多分类变量的条件过程分析模型验证了群体层面的区域社会资本的不同嵌入模式对农民个体生计资本的配置差异影响，与社会资本的无（低）嵌入状态进行对比，分析了外源松散型嵌入与内生紧密型嵌入模式影响农民收入作用机理和影响渠道的差异，实证了区域外部社会资本内化与农户社会资本的产生资源配置作用，验证了外部社会资本内化与资源配置形成规模经济的交叉效应，深化了规模经济理论的内容。

第三，利用通用嵌套空间模型及其退化模型验证了与农民相邻的农户个体社会资本对农民收入影响的空间溢出效应，探讨了相邻农户社会资本所形成的总体社会结构和环境对农民收入增长产生的外部规模效应，并验证了这一效应具有随着距离的增加而减弱的特征。

1.4.5.4 案例分析法

以广西种植砂糖橘的 37 个村 397 个有效样本对社会资本不同嵌入模式下农民收入增长的变化，探究外部社会资本影响农民收入增长的过程，为小农户有机衔接现代农业提供可行参考。

1.5 本书的创新点

本书基于前人研究的基础，从当前农业经济转型发展的新时期出发，基于可持续生计等理论，构建了"社会资本嵌入→内部（外部）规模经济→农民收入变化"的理论框架，从个体层面以及群体层面分别对农民个体社会资本以及区域社会资本对农民收入增长的影响机理进行阐述，在这些理论基础上，利用广西 397 家农户的数据，从实证角度检验了个体社会资本、区域社会资本与农民收入增长的关系。

本书的创新点包括以下几点。

第一，拓展了新的研究对象和研究视野。首先，将社会资本作为影响农民收入增长的新要素供给纳入效应研究，打破了传统研究始终以土地、资金、劳动力作为影响农民收入增长要素的约束。其次，将规模经济理论应用于本书的框架构建、个体层面和群体层面的分析，扩展了社会资本理论的研究视角，将经济学与社会学的视角相结合。最后，将空间溢出效应的研究细化到农民个体之间，突破已有研究对区域空间相邻的溢出效应局限，扩展了空间溢出效应的内容。

第二，发现了新的研究结果。构建条件过程分析模型，发现社会资本不仅直接对农民收入产生影响，而且通过调节和配置生计资本进而对农民收入产生影响；社会资本亦对生计资本的收入效应产生调节作用；构建通用嵌套空间模型进行分析，发现相邻农户社会资本及部分生计资本对农民收入产生空间溢出效应，且距离越近溢出效果越大；构建基于多分类变量的条件过程分析模型，发现区域社会资本不同嵌入模式对农民收入增长的资源配置效应不同。

第三，提出了新的观点。依据研究新发现，本书提出以组织和合作为基础构建和扩展现代社会资本，即开展农业经营主体间资本领域的多元合作，构建现代社会资本联结的组织与平台载体，建立现代社会资本组织与合作的利益联结机制以及为农业现代社会资本的扩展提供制度保障等新对策。这些新观点为实现党和政府提出的持续实现农民收入增长提供了新路径。

第 2 章

文献综述及简要评价

2.1 关于社会资本及其测度的研究

社会资本最早由汉尼芬（Hanifan，1916）提出，他认为社会资本是组成社会单元的群体和家庭中的善意、同胞感、同情心和社会交往关系，这些是人们日常生活中最重要的东西，个人或家庭通过利用这些东西可以在一定程度上满足其需求和利益。皮埃尔·布迪厄（Pierre Bourdieu，1986）对社会资本的概念进行了扩展，他认为，社会资本包括两个部分，一是社会关系网络本身，即可以帮助其获取其所在群体所拥有的资源，二是与社会关系网络联系在一起的资源的数量和质量。他提出，社会资本是资本的三种形式之一（另两种是物质资本、人力资本），是"实际或潜在的资源的集合体，那些资源是同对某些持久的网络的占有密不可分的。这一网络是大家共同熟悉的，得到公认的，而且是一种体制化的网络，这一网络是同某团体的会员制相联系的，它从集体性拥有资本的角度为每个会员提供支持，提供为他们赢得声望的凭证。"（Pierre Bourdieu，1986）。社会资本的主要表现形式是社会关系网络，网络内的成员就资源进行交换和控制。与此同时，布迪厄（Bourdieu，1989）提出资本是在"场域"中发挥作用。

对于社会资本的定义，学者们各执一词，很难统一。关于社会资本的属性，有的学者将其看作是一种社会资源，是构成生产要素的一部分（张广利、陈仕中，2006），是资源的载体，是一种资本的传输渠道和配置方式（童潇，2015）。尽管国内外学者对社会资本内涵把握的侧重点不同，但是学术界专家较为一致的看法是认为社会资本以社会资源为载体，以一定的关系网络为运作基础，网络结构中的每个人根据占有资源情况各自拥有自己的场域和位置。从更广阔的意义上看，社会资本关系网络成员彼此间频繁的交流、接触和互动产生了信任，这种信任生成了声望和制约关系，从而能够使网络成员对稀缺资源进行配置。

当下有关社会资本研究，无论是在概念界定，还是在范式使用等方面都存在着一定的不一致性。在概念界定方面，目前有社会资本网络论（Hanifan，1916；Loury，1977；Bourdieu，1997；Putunm；1993；张其仔，2002）、社会资本规则论（Fukuyama，1998；联合国开发计划署 UNDP，1995）、社会资本资源论（林南，2001；科尔曼，1990；边燕杰，2006；Burt，2000）、社会资本综合论（经济合作与发展组织（OECD），2001；世界银行，1998；金迪，蒋剑勇，2014；张广利、陈仕中，2006）四种界定方法，具体如表 2 - 1 所示。

表 2 - 1   社会资本论述

理论	作者（提出年份）	内容
网络论	汉尼芬（1916）	社会资本是组成社会单元的群体和家庭中的善意、同胞感、同情心和社会交往关系，个人或家庭通过利用这些东西可以在一定程度上满足其需求和利益
	劳里（1977）	促进或帮助获得市场中有价值的技能或有特点的人之间自然产生的社会关系
	普特南（1993）	由于一个地区具有共同的历史渊源和独特的文化环境，人们容易相互熟知并成为一个关系密切的社区，组成紧密的公民参与网络。这一网络通过各种方式对破坏人们信任关系的人或行为进行惩罚而得到加强。这种公民精神及公民参与所体现的就是社会资本
	布尔迪厄（1986，1997）	社会资本是资本的三种形式之一（另两种是物质资本、人力资本），是"实际或潜在的资源的集合体，他们或多或制度化了相互认识与认知的持续关系，并与网络联系在一起……通过集体拥有的资本的支持提供给他的每一个成员"。社会资本的主要表现形式是社会关系网络，网络内的成员就资源进行交换和控制

续表

理论	作者（提出年份）	内容
资源论	张其仔（2002）	"本著作把社会资本定义为社会网络……（社会资本）有其自己的特点：一是存诸人与人之间；二是社会资本是无形的；三是既可为公共物品，也可为私人物品。"
	科尔曼（1990）	《社会理论的基础》一书中就写道："本书把上述社会结构资源作为个人拥有的资本财产，即社会资本。社会资本的定义由其功能而来……它们由构成社会结构的各个要素所组成；它们为结构内部的个人行动提供便利。和其他形式的资本一样，社会资本是生产性的，是否拥有社会资本，决定了人们是否可能实现某些既定目标。"
	伯特（2000）	个人通过他们的成员资格在网络中或者在更宽泛的社会结构中获取短缺资源的能力，获取能力不是个人固有的，而是个人与他人关系中包含着的一种资产。社会资本是嵌入的结果
	林南（2001）	社会资本是嵌入到一定网络结构中的资本。个人有两种类型的资源可以获取和使用：个人资源和社会资源。其中，个人资源指个体所拥有的资源，包括了物质和符号物品的所有权；社会资源则是个人通过社会联系而获得的资源，由于社会联系的延伸性和多样性，不同个人拥有的社会资源也不相同。进而，林南认为社会资本是嵌入在社会网络中的资源，并对社会资本这样定义：期望在市场中得到回报的社会关系投资
	边燕杰（2006）	社会资本是行动主体与社会的联系以及通过这种联系摄取稀缺资源的能力
规则论	福山（1998）	社会资本是根据社区的传统建立起来的群体成员之间共享的非正式的价值观念和规范
	联合国开发计划署（1995）	可持续发展即是通过社会资本有效组织，扩展人类对机会和能力的选择，从而尽可能平等地既满足当代人的需求，又不给后代人的需要造成损害。社会资本的支持缺失，将使物质财富很难得到正确利用。可见，在联合国开发计划署的概念中，社会资本是一种规则形式，它不仅用于处理人与人之间的关系，还用于处理社会各组成部分之间的关系。社会资本的稳定必须建立在各社会团体和组织所达成的协议的基础之上

续表

理论	作者（提出年份）	内容
综合论	经济合作与发展组织（2001）	社会资本定义为共享、规范和网络的集合
	帕特南	社会资本指的是社会组织的某种特征，例如信任、网络、规范。像其他资本一样，社会资本是生产性的，它使得实现某种无它就不可能实现的目的成为可能，并通过促进合作行动而提高社会效率
	朱国宏及其学术团队	社会资本分为微观社会资本和宏观社会资本两个层面，微观社会资本可被界定为行动者所拥有的社会关系网络，以及嵌入在网络中的情感、信任、规则等，行动者为实现一定目标，通过其所拥有的社会资本，能够调动和利用包括经济、信息、机会、劳动力、决策等各种社会资源；宏观社会资本可被界定为一个国家、区域的特征，包括和谐、开放的社会关系网络，有效的制度规范、普遍信任、权威关系以及合作性的社会组织等
	林聚任	社会资本的突出属性就是其社会性或网络关系性。因此，社会资本不是存在于孤立的个体中，而是存在于社会关系网络之中
	金迪、蒋剑勇（2014）	社会资本包括"社会网络""社会信任""社会声望"和"社会参与"
	帕萨·达斯古普特和伊斯梅尔·撒拉格尔丁	把社会资本划分为制度资本和关系资本两种类型，其中前者与促进互利集体行动的结构要素有关，比如规则、程序和组织等，而关系资本则涉及与他人互动过程中产生的价值观、态度和信念等
	张广利、陈仕中（2006）	社会资本的定义应为：社会资本是个体或组织为实现一定目标，能够调动和利用的嵌入于其所拥有的社会关系网络中的各种社会资源，包括权力、资金、保障、信息、机会、劳力、决策、合作，等等。一个个体或组织所能够调动和利用的社会资源即社会资本是影响其发挥作用、实现目标的一个非常重要的因素

综合学者们的论述，社会资本网络论侧重于表述形式和存在于人与人之间，其主要表述形式是社会关系网络关系，就网络中的个人而言，个人与市场（社会）中有价值的技能或有特点的人之间自然产生的社会关系，以及和个人与亲属、好友之间建立的"亲缘"与"友缘"关系强连接和弱连接所形成的网络关系就是个人社会资本；社会资本资源论则强调个人获取社会资本

边界和能力；社会资本规则论侧重于用社会规范和规则形式处理人与人之间的关系。各社会团体和组织达成协议是社会资本稳定的基础，社会资本一旦缺失，包括物质资本在内的其他生计资本将难以发挥作用。持社会资本综合论观点的代表作者有帕南特、帕萨·达斯古普特和伊斯梅尔·撒拉格尔丁、朱国宏及其团队、张广利和陈仕中等。他们普遍的观点是，社会资本既是一种网络、一种资源，同时也是一种规范或者制度。

在范式使用方面，目前学者的研究初步形成了结构分析范式、行动嵌入分析范式、功能分析范式、测量分析范式四种主要分析范式。在对社会资本测度的方面，众多学者从不同角度对个体的社会资本进行了测量，因选取的指标不同，测量结果表现出一定的差异。普特南认为社区社会资本应该包括信任、社团组织和公民参与等重要因素（Putnam，1993）；洛克纳（Lochner）认为邻里互动、集体效能、社区竞争力、社区归属感及社区凝聚力是组成社区社会资本的重要指标（Lochner，1999）；那拉扬（Narayan）等扩展了测量社会资本的指标体系，认为其还应该包括一般规范（generalized norms）、和睦相处（togetherness）、日常社交（sociability）和邻里联系（Narayan，2001）。而国内学者则认为，社会资本测量的指标主要包括参与地方性社团或组织、社会互动、信任、社会规范、社区凝聚力、社区归属感及公共事务参与等（桂勇等，2008；赵延东等，2005）。社会资本除了与农民所处的社会地位有着较大关联外，还与主体自身能力有着较大的关系，由于各经济行为主体在构建和管理嵌入关系不同而存在能力差异。

2.2 关于社会资本嵌入及其方式的研究

以格兰诺维特为代表的新经济社会学者提出的嵌入思想是个人和企业的经济行为受到社会关系和社会结构的影响。而这种社会关系是一种基于信任、文化、声誉等因素的持续性社会关系。格兰诺维特将社会资本对经济行为的嵌入描述为关系嵌入（relational embeddedness）与结构嵌入（structural embeddedness）（Granovetter，1985），分别对嵌入网络中人际社会二元关系的结构和特征（包括关系疏密和关系质量等）进行刻画和对行为主体嵌入关系构成的各种网络的总体结构进行描述。约翰尼松和帕西拉斯（Johannisson & Pasillas）将社会资本嵌入分为实体嵌入和系统嵌入，实际上是嵌入的内容和嵌入的结构（李后建等，2018）。实体嵌入代表了嵌入的内容，而系统嵌入代表了经济活动的社会嵌入结构。可以说，格兰诺维特的关系嵌入和结构嵌入是对经济行为的社会嵌入的系统描述，是一种系统嵌入。学者们关于社会资本嵌入及其内容如表 2 - 2 所述。

表 2 - 2   社会资本嵌入及其方式

作者（提出年份）	嵌入方式	嵌入的内容
格兰诺维特（1992）	嵌入分为关系嵌入（relational embeddedness）与结构嵌入（structural embeddedness）	关系嵌入实际上是对嵌入网络中人际社会二元关系的结构和特征（包括关系疏密和关系质量等）的刻画；结构嵌入是对行为主体嵌入关系构成的各种网络的总体结构描述
约翰尼森·帕西拉斯（2002）	实体（substantive）嵌入和系统（systemic）嵌入	实体嵌入代表了嵌入的内容，而系统嵌入代表了经济活动的社会嵌入结构
伯特（1982）	关系分析和位置分析	描述的是社会网络中的关系结构及主体在关系中的位置如何
李后建，刘维维（2018）	嵌入的结构和嵌入的内容	嵌入的结构用嵌入的多样性来反映，它也是创造力的一种体现；嵌入的内容用成员共享业务经验来反映
金迪、蒋剑勇（2014）	文化嵌入、网络嵌入、认知嵌入	—
普霍夫（2004）	分为认知型社会资本和结构型社会资本	—

学者们对社会资本及其嵌入方式的说法都不一样，比较一致的看法是关于社会资本嵌入的广度及深度的论述，即社会资本嵌入的结构、数量以及质量的论述。学者们的嵌入理论为我们分析经济行为的嵌入问题提供了操作层面的指导，也为本书构建社会资本嵌入的指标体系和测度提供了思路。

对于社会资本嵌入影响农业生产及其路径，大多数研究认为，善于利用社会关系网络的农民可能收获更高的农业绩效。一是社会资本嵌入增加农民的人力资本。农民社会网络中的成功经营者扮演了榜样的角色，因感知与他们的相似性，农民就会有行为模仿的激励，通过观察成功榜样，农民逐步积累了更多关于经营和创业的知识和技能，信心得以增强，从而更有意向开展经营活动（Van Auken et al.，2006）。在农村传统的集体主义文化背景下，由于一般信任度的缺乏，弱关系可能不能给农民带来有价值的信息；而建立在情感、信任基础上的强关系更可能分享有价值的信息，通过关系网络间的交流，农民更易于掌握生产和经营技术，造就了"知识走廊"，使得拥有更多市场知识、市场服务方式和顾客问题知识的农民更有可能发现有利机会（Shane，2000）。二是社会资本嵌入有利于农民资源获取。农民的生产经营需要足够数量和质量的土地资源、资本资源与技术资源，而如果农民不完全具备这些条件，就很有可能会求助于社会网络。因此，社会网络在农民获取各类资源的过程中起着举足轻重的作用。中国农村是一个关系本位的社会，拥有更多社会网络的农民就会有更多的民间借贷渠道（马光荣、杨恩艳，2011）；社会网络也为农民提供了商业情报、首份订单、资金等资源（边燕杰、张磊，2006）。总的来说，农民通过社会网络可以获取四类生产经营所需资源的支持，主要为土地及财务资源，知识指导、信息，情感支持和联络介绍（Reynolds，2007）。

2.3 关于社会资本指标体系构建及其测度方法

从社会资本的范围来看，社会资本的测度主要包括宏观社会资本测度、区域社会资本测度以及个人社会资本测度。从社会资本的构成来看，其测度主要包括结构型社会资本及关系型社会资本的测度。对于不同类型社会资本的测度建立的各自的指标体系，就农民的社会资本而言，主要是指中观层面的区域社会资本测度以及微观层面的个人社会资本测度，也就是针对农民所处的区域环境，衡量整个区域或者社区的社会关系特征，以及针对个人社会关系网络的强关系连接和弱关系连接。

2.3.1　社会资本指标体系构建

2.3.1.1　区域社会资本测度指标体系

区域（社区）社会网络研究的是一个地区总体的社会关系特征。普特南认为社区社会资本应该包括信任、社团组织和公民参与等重要因素（1993）；洛克纳等认为邻里互动、集体效能、社区竞争力、社区归属感及社区凝聚力是组成社区社会资本的重要指标（1999）；那拉扬等扩展了测量社会资本的指标体系，认为其还应该包括一般规范、和睦相处、日常社交和邻里联系（2001）。而国内学者则认为，区域社会资本测量的指标主要包括参与地方性社团或组织、社会互动、信任、社会规范、社区凝聚力、社区归属感及公共事务参与等（桂勇等，2008；田甜等，2015）。张梁梁、杨俊等人则将社会资本聚焦于信息共享和社会网络的延伸，以人均电话（移动电话和固定电话）的使用量和人均互联网用户数来衡量结构型社会资本的嵌入特征（张梁梁等，2017）。中观层面的区域社会资本测度主要以衡量区域总体社会关系特征为指标选取原则。此外，有学者提及的规范维度与信任维度的社会资本划分方式，也与区域社会资本测度相似。

2.3.1.2　个人社会资本测度指标体系

个体层面的社会资本的测度主要针对个人、家庭的社会网络结构和关系进行测量，主要包括结构型社会资本、关系型社会资本、认知型社会资本的测度。结构型社会资本的测度主要采用组织（参加组织的个数）、网络（个人或家庭的亲友数）（蔡起华，2017）及网络规模、与亲朋好友关系稳定与否、可提供帮助的人数以及获取技术服务信息的广度等指标，探寻个人社会网络的结构、规模、声望以及网络的异质性。关系型社会资本通常用亲戚朋友以及熟人的联系数量，与亲朋好友的来往交流，信任、合作程度（高静等，2013；芮正云等，2016）。对于认知型社会资本的测度，除了考虑到社会资本与个体所处的社会地位有着较大关联外，由于各经济行为主体在知识、

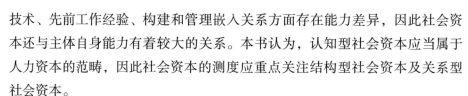

技术、先前工作经验、构建和管理嵌入关系方面存在能力差异，因此社会资本还与主体自身能力有着较大的关系。本书认为，认知型社会资本应当属于人力资本的范畴，因此社会资本的测度应重点关注结构型社会资本及关系型社会资本。

一般来说，关系型社会资本的测度具有较大的主观性，而结构型社会资本的测度则较为客观。此外，关于社会资本的划分，还有其他诸如内部与外部社会资本的划分方法，如苏小松在测度农民的社会资本时，用村内能给农民提供帮助的人以及外部社会中能给其提供帮助的"有本事"的人来进行测度（2013）。

2.3.2　社会资本的测度方法

从社会资本调研层面来说，提名法以及定位法是调研指标体系的常用方法。提名法的具体做法是设定某一场景让个人提出能够为其提供帮助的人，以此来研究个体及家庭与他人之间的连带效应，研究个体及家庭所提及的社会关系网络结构以及个体（家庭）与该网络成员之间的远近亲疏关系，以确定个人（家庭）社会关系的多寡。边燕杰（2001）提出的"春节拜年网"实质上也是提名法中的一种。定位法主要是研究和测度个人（家庭）所拥有的社会资本的质量，探寻个人社会网络的结构、规模、声望以及网络的异质性等。在定量计算社会资本的角度，学者们主要采用直接测度法、因子分析法、层次分析法、熵值法等方法来测量。社会资本的测度重点在于指标体系中各指标权重的计算和选择，用指标权重乘以各指标数值再相加或相加后取平均值来计算获得。

从社会资本量化的角度来说，主要有三种方法。一是直接测度法。直接测度法针对的是社会资本指标体系设置较为简单的计算，如以关系密切联系人员的数量、为其提供帮助的人数或个人与社会联系的程度等。由于指标体系设置简单，直接用设置数值即可衡量。但这种方法往往不能全面地衡量社会资本构成的各个维度，计算虽然简单但却存在着较大的缺陷，通常在以社会资本作为工具变量时使用。二是因子分析法。因子分析法是通过线性组合将原有的多个变量综合成几个主成分，用较少的综合指标来代替原来较多的指标或变量，其目的是用有限个不可观测的隐变量来解释原始变量之间的相关关系。三是层次分析法。层次分析法通常与德尔菲法结合，先对体系指标的重要性进行评价，对指标体系进行归一化处理、特征值计算及权重计算。与层次分析法相比，因子分析法是在探索指标实际关联的基础上建立起来的，测度结果相对客观。此外，指标权重的测度方法还有熵权法和变异系数法等，但在社会资本的测度中应用较少。在实际研究中，通常采用层次分析法和因子分析法，或者是在主观赋权法和客观赋权法基础上，结合组合赋值法完成最终权重计算。

2.4 农民收入增长要素供给相关研究

对经济增长与收入提升要素供给的探索，是经济学研究者的不懈追求。以亚当·斯密、李嘉图、马尔萨斯及穆勒等人为代表的古典经济增长理论将经济增长与收入提升的动因归结为资本、土地以及人力资本分工等传统要素。古典经济理论从生产要素层面来解释市场中商品交换的现象，将商品交换归结为劳动力、土地以及资本等有形要素的作用（张幼文，2016）。亚当·斯密认为，通过增加劳动力的数量以及提高劳动力的生产效率可以有效促进经济增长和收入提升。分工程度是提高劳动生产率的重要因素，资本积累也是促进经济增长的基本要素。大卫·李嘉图在经济增长的论述中，提出了边际报酬递减规律，认为随着土地、劳动力以及资本等要素使用量的增加，其产生的效用增量是递减的。由于边际效益递减规律的存在，经济增长会在某一时刻处于"停滞不前"的状态。从增长思想的发展演变来看，李嘉图否定了经济增长是在资源无限供给的条件下进行的，这无疑是一个进步。同时，李嘉图进一步指出，发展置身于对外开放的格局中，是与世界经济不断融合的过程。马尔萨斯的理论与他提出的人口原理紧密相联，认为以人均产出为表征的增长将会受到人口增长的限制。在古典经济增长理论中，技术进步的连续性没有得到应有的重视。在后来的研究中，以索洛-斯旺（Solow-Swan model）为代表的新古典增长理论认为技术进步在经济增长中起着重要作用，这是经济增长的技术决定论，对以劳动和资本积累的经济增长理论形成了补充，弥补了古典经济学无法解释的经济持续增长的现象。在此基础上，罗默（Paul M. Romer）等人提出了新经济增长理论（内生增长理论），认为内生因素决定了经济增长。除前述理论所提出的资本、劳动（非技术劳动）等要素外，罗默还把人力资本、公共知识以及企业拥有的专门知识等看作是经济增长的内生变量，从知识外溢的角度解释了经济增长。卢卡斯将经济增长归结为专业化的人力资本积累（Lucus，1988），克服了物质占比与劳动的边际效益递减限制，认为专业化的人力资本积累是经济持续增长的源泉。佟仲、厉为民、西奥多·W·舒尔茨等人认为传统农业之所以传统，是由于农业生产要素没有发生质的变化，仅有量的变化，也没有外界的新的因素的输入（1987）。与传统农业不同，现代农业需要投资大量新的要素。因此在改造传统农业的过程中，舒尔茨注重对人力资本进行投资，认为提高农民的能力比土地等物质要素要重要得多，改造物质要素的质量比数量要重要得多，舒尔茨的人力资本改造理论对世界农业经济取得长足发展以及农民收入的持续增长起到了关键作用。孙玉国等人认为，技术、信息和知识是新的生产要素，并且新的生产要素需转化为资本才能创造价值（2011）。而中国经济增长前沿课题组则认为，以知识部门为代表的新生产要素供给，成为经济跨越式发展的重要力量。知识、教育、信息等新要素供给有着传统要素所缺乏的要素边际效益递增特征，因此是经济发展突破的关键。经济增长前沿课题组认为，摆脱贫困陷阱的第一步生产模式跨越依赖于标准化、物质化和以通用技术为核心的规模化供给；实现发展"停滞"突破第二步生产模式跨越需依靠知识、技术创造平台的建设。除了提出新的要素供给外，经济增长前沿课题组还提出，打破要素流动的障碍，解决要素流动的横向和纵向割裂问题，切实有效地发挥要素和经济网络聚集效应、关联效应以及要素的空间配置效应，是拉动新时期经济增长的关键（中国经济增长前沿课题组，2015）。经济增长及收入提升要素供给从原有的资本、物质等边际效益递减要素逐渐转向以知识、技术、信息以及人力资本等递增要素的研究和要素之间的相互关联、集聚以及空间配置上来。学者们普遍认为，突破要素边际效益递减的规律障碍，探寻经济增长及收入提升的边际效益递增要素供给是实现可持续增长的源泉。

林毅夫（2012）指出，发达国家经济快速发展并与其他发展中国家拉开收入差距的主要原因在于技术、产业、硬软件基础设施的结构不断变革以提高生产力水平以及降低交易费用。同时他还认为，作为软件基础设施的社会资本与技术创新对于经济和收入的持续增长具有重要作用。可见，社会资本与知识、技术、人力资本等要素一起被认为是递增要素，对经济增长及收入提升有着重要影响。随着人们对经济增长要素供给的不断探索，社会资本作为经济增长的要素供给逐渐引起学者的关注（王刚等，2017）。关于社会资本影响创新以及经济增长已有诸多的研究成果，社会资本被定义为网络关系（Loury，1977；布尔迪厄等，1997；Putnam，1993；张其仔，2002）、资源（林南，2001；科尔曼，1999；边燕杰，2002；Burt，2000）、规则（福山，1995）等，这与林毅夫在新结构经济学中所提及的软件基础设施有很多相通之处。一些文献从理论和实证的角度探讨了社会资本对经济增长的作用机制。王刚等人（2017）认为社会资本影响技术创新与经济增长，社会资本通过技术创新（王刚等，2017）、促进金融发展（Guiso et al.，2004）、提高人力资本水平（Deng et al.，2012）、提升投资水平（Robison & Hanson，1995）进而影响经济增长。有学者也证明了社会资本直接显著影响经济增长（Keefer & Knack，1997；Zak & Stephen，2001；严成樑，2012）。为保持经济发展与收入增长的持续性，学者们的研究在要素供给方面达成了一致性，即必须有新的要素供给和市场制度激励才能突破传统生产过程中的增长障碍。新知识与新技术虽然作为新要素供给促进农业经济增长与农民收入增长，但农民本身缺乏技术研发与知识深化的能力，依托嵌入社会关系网络的资源以充实和转化为自身能力，是农民当前快速发展与持续增收的"捷径"，也是新型农业转型发展时期的必经之路。

除新经济增长要素供给的探索之外，学者的研究还表明经济发展与收入增长的差异主要来自于要素的不匹配或错配（刘明辉等，2019）。从要素配置的角度来看，我国的要素错配主要发生在城市和乡村之间，城乡劳动力、资本以及土地等要素配置不当（袁志刚等，2011；杨志才等，2017；刘贯春等，2017），使得城乡呈现二元结构。随着农业经济和市场化水平的不断发展，市场机制的完善大大纠正了资源配置的扭曲程度（龚关等，2013），但是要素配置的制度障碍仍然存在，如政府资源与要素配置的非农倾向是导致城乡二元结构以及城乡发展失衡的主要原因（王颂吉等，2013）。

2.5　社会资本的资源配置效应研究

国内外诸多文献表明了社会资本对资源具有配置功能。社会资本的高低决定了农村居民能够获取社会资源的多少（李敏，2007）。社会资本对农民生产经营资源的获取、金融资本配置以及人力资本的形成均有着重要的影响。

农民的农业生产经营活动需要土地、资本以及技术等资源，当农民不完全具备这些资源时，通常会求助于社会网络成员。社会资本嵌入有利于农民生产经营所需资源的获取并具有举足轻重的作用（金迪等，2014）。

社会资本会对金融资源的配置产生影响。诸多学者的研究表明，农户社会资本积累在缓解信贷约束、改善贫困人群的信贷供给（Van，2000）、提升金融信贷的可得性（Narayan & Pritchett，1999）、解决借贷双方信息不完备及不对称问题（林毅夫，2003）、减少借款人信息搜寻成本和履约成本，以及贷款人的监督成本等方面起到了重要作用（Kranton，1996；Van，2000）。另外，社会资本也有助于加速金融违约的信息传播（Kandori，1992），增加借款人的违约成本，使借款人更注重遵守约定以及减少民间借贷活动的风险（Fafchamps，1992；张斌，2011；Paal & Wiseman，2011）。信任的缺失会导致人们获取正规金融渠道受阻，低信任度使得人们的借款渠道单一，多是来源于亲友，农户抵御风险的能力变弱（Guiso，2004）。作为正式制度的补充，社会资本在某种程度上对司法机制起着替代作用，以减少非正规金融渠道中的不履约行为。在中国农村金融体系中，社会资本有助于农民通过非正规金融渠道获取生产资金，同时非正规金融市场的良性发展也有助于社会资本的积累和提升（Chloupkova & Bjornskov，2002；Dowla，2006）。此外，社会资本对正规金融贷款也具有影响。高信任度的国家或者地区可能促使农户更多地使用正规金融渠道（Guiso，2004），社会资本使得信贷被批准的概率提升 50%（Siles & Robison，1994）。

　　社会资本有助于人力资本形成。社会网络中的强关系的成功经营者往往会形成示范力量，因为联系较为紧密，通过观察示范榜样力量，农民容易产生模仿行为，由此实现经营管理知识和经验技能的逐步积累（Van & Fry，2006）。另外，在创业者开展创业活动的实践过程中，社会资本更有助于其寻找所期望的雇员数量和质量（赵延东，2003），或者获取免费的帮工。此外，社会资本有助于科学技术的进步以及技术的改革创新，科学知识的传播加快了新的科学思想在科学家关系网络成员中的扩散进程，通过科学家网络成员的交流、交往在非正式组织网络间展开，形成"无形的学院"（赵延东，2003）。对创业者而言，强关系间由于具有较强的情感以及信任基础，彼此可能分享更有价值的东西，通过关系网络间的交流，创业者更易于掌握生产技术和先进经营管理知识，造就了"知识走廊"。拥有较广的社会关系网络，更多的市场知识、服务意识以及市场洞察力的创业者更有可能发现有利机会。

　　社会嵌入有助于创业者资源获取。创业者的创业活动、生产经营需要足够数量和质量的土地资源、资本资源与技术资源、财务资源，知识指导、信息，情感支持和联络介绍（Reynolds，2007）。

　　社会资本有助于规模效益的产生。在高信任度的社会环境、文化和强有力的非正式制度的规范下，监督成本和生产成本得以显著降低，社会网络自发形成的强大向心力也是集聚生产的重要推动力。网络成员之间的互助合作与高度互惠性承诺可以降低交易成本，产生经济性收益。创业者与其所在网络成员之间的熟人关系，有助于其获得免费创意指点、创业资源、技术指导、管理经验或免费帮工，这在较大程度上降低了创业者生产经营的投入成本，易于形成规模经济。社会网络结构中的精英往往在社会关系网络中发挥着资源整合和节点疏通（生产沟通、技术交流、产品营销）的作用，与创业相关的节点越通畅，越容易获得创业绩效。另外，强弱连接的社会资本也以某种形式影响和激励着创业者，改变其农业生产预期和机会主义行为，提高了农业物质资本的风险规避能力，现有的资本得以整合和增值，进而获取经济性回报。

2.6　社会资本嵌入与农民收入增长

关于社会资本对收入增长的影响，既有成果从区域社会资本或农民个人社会资本两个角度展开。区域社会资本是包括信任团结、社团活动、组织参与、邻里互助、集体效能、社区竞争力、归属感及凝聚力等（张其仔，2002；科尔曼，1999）在内的社会资本，对农户收入增长产生重要的影响。张梁梁等人以人均电话及互联网使用量作为社会资本的测度指标，验证社区信息共享与社会网络延伸对农民收入增长影响显著（2017）。黄昭昭等人（2010）认为，以信任、互惠、参与为特征的社会资本提升可以提高家户福利。个体社会资本以结构型、关系型、认知型为维度划分方式较为典型，个体社会资本对农民收入增长有不同程度的影响。王燕（2007）认为结构型社会资本各维度均对农民收入影响显著，但认知型社会资本中只有信任与互惠显著影响农民收入。有学者认为，社会资本对农民收入增长的作用力量要大于其他资本，如蒋乃华和黄春燕（2006）证实了社会资本投资收益是人力资本的2.5倍。也有些学者对社会资本是否显著影响农民收入增长持不同的看法，如林曼曼（2008）认为，并非所有的社会资本构成均对收入增长有着显著影响，如风俗习惯、普遍信任等作用并不明显。而对于农户家庭而言，家庭拥有的社会资源由于有着较高的同质性降低了家庭之间相互进行交易的动机和机会，因此社会资本对农民收入增长的影响有限。

以规模经营主体或新经营主体的乡村嵌入是2014年农地"三权分置"以来对乡村农户发展研究的新课题。新经营主体是小农户与现代农业有机衔接的重要联结点。面对农业经济发展的新转型时期，以乡村振兴和城乡融合发展战略的深入实施为转型特征，李耀峰等人以新经营主体的嵌入论证内生新经营主体的嵌入对小农户成长的强有力的拉动作用，是小农户增收的社会动力（2020）。实际上，国外相关研究很早就关注了农业现代化进程中农业规模化经营主体嵌入对村庄农户的影响，恩格斯在其著作中论述了以合作社改造小农户的思想，说明了规模经营主体的嵌入对小农户产生多方面的影响，如农业劳动力的就业促进、农产品的流通（Warning & Key，2002）、利润返还（Michelson & Reardon et. al.，2010）、技术推广（Abebaw & Haile，2013）以及对收入规模及收入结构的调整（Maertens & Velde，2017）。国内学者张晓山、陈靖等人认为，新型农业经营主体与农户之间是"共生"关系（2009、2018），新型农业经营主体嵌入乡村社会，对小农户的成长有积极的带动作用，主要通过提供社会化服务（张琛、高强，2017）、激发农民对科技与组织需求、创新经营模式（朱启臻、胡鹏辉等，2014）以及与农民合作等方式帮助农民脱贫与带动农民增收。但与此同时，新型农业经营主体的乡村入驻对农户发展也可能产生负面影响，比如，新经营主体的乡村入驻可能与农户抢占资源与市场，对农民的获利空间形成"挤压效应"（贺雪峰，2015），新经营主体的培育往往不包含小农户，外来资本进入乡村有可能使农民失去赖以生存和发展的土地，剥离了农民与村庄的密切联系（焦长权、周飞舟，2016），新经营主体带动小农户发展的意识或能力不强（钟真，2018）。嵌入新经营主体有意带动农户发展，但其带动能力可能受嵌入的新经营主体类型及其人力资源水平等因素影响（阮荣平等，2014）。学者对新经营主体嵌入乡村，更多地是讨论如何带动小农户发展，但对于为何以及通过何种渠道带动小农户的发展，却较少涉及。

2.7 文献述评

综上所述，随着新经济社会学和社会资本理论在经济行为分析中的逐步应用，诸多学者开始关注"经济增长与农民增收的新要素供给"，这也使得许多学者围绕社会资本以及收入增长之间的关系进行大量的理论和实证研究工作，取得了丰硕的成果。然而，以往学者的研究大多将社会资本与其他生计资本等同对待，解析社会资本作为一个有形要素对农业经济增长以及农民增收的影响效应，忽视了社会资本作为一个无形要素可能同时产生的空间溢出效应，以及社会资本作为区域农业环境变化对农民的农业经营产生的影响。针对一个处于新型农业经济转型时期的中国，较少有学者从转型时期农业与农村面临的实际环境出发进行研究，这使得以往利用其他国家或者基于非现实环境所得出来的结论不能完全解释新时期的农民创收。

就既有的研究成果来看，社会资本与农民收入增长之间究竟存在何种关系，社会资本区别于其他生计资本的是其具有无形性、使用的"非排他性"等特征，社会资本除了对农民的生产经营效果产生资源型的直接影响，也可能产生区域范围内的空间效应。此外，社会资本与农民收入增长之间的关系需要根据当前农业和农村发展的社会环境变化的不同情境来进行判断，因为在不同的社会环境情境下，资本与资源对农民收入增长的影响效果不一致。在封闭的社会环境中，农民所拥有的资本难以发挥作用，但在开放共享以及有先例可循或有直接"引路人"的社会环境下，传统农民可能较轻易搭乘"顺风快车"，在农业经济业绩上突飞猛进。

基于上述思考，本书以嵌入性社会结构理论为基础，以规模经济理论为指导，从内部规模经济的角度探讨个体社会资本自我嵌入配置其自身生计资本的资源配置效应；从外部规模经济的角度探讨相邻农户个体社会资本影响农民收入增长的内生交互和外生交互效应；从群体的角度探讨以新经营主体为嵌入特征的区域社会资本影响农民收入增长的资源融合效应，并将区域社会资本无嵌入（低嵌入）、外源松散型嵌入和内生紧密型嵌入三种不同模式进行对比分析，探讨区域社会资本影响农民收入增长的差异，力求提供符合中国"乡土社会"情境以及新型农业转型时期的农民收入增长要素证据。

第3章

概念界定、理论基础和研究框架

3.1 概念界定

3.1.1 资本与社会资本

关于"资本"的研究始于经济领域，古典以及新古典经济学认为，资本是一种投入再生产并能够生产产品的产品，资本、土地、劳动是古典经济理论中最为典型的三种基本生产要素。此时的资本通常被人们理解为资金资本以及物质资本。20 世纪 50 年代，舒尔茨（Schultz）与贝克尔（Becker）在解释经济增长的过程中，引进"人力资本"（human capital）的概念，突破了传统的物质资本的概念局限，将教育、技能培训、健康保健等视为人力资本投资，并认为人力资本对个人和社会的发展有着至关重要的作用。在后续的研究中，资本的概念逐渐扩展。汉尼芬（1916）最先提出社会资本的概念，他认为社会资本是组成社会单元的群体和家庭中的善意、同胞感、同情心和社会交往关系，个人与家庭可以利用这些社会关系获得其需求和利益的满足。与汉尼芬持相似社会资本网络论观点的还有劳里（Loury，1977）、布尔迪厄（Bourdieu，1983）、张其仔（2002）等，他们都认为社会资本是一种关系，关系网络中成员可以进行资源的交换和控制。社会学家迪尔凯姆（Durkheim）

认为，社会交往与人们参与集体生活对人们的行为具有规制作用，可以减少"失范"行为及其带来的负面影响（巩英春等，2008）。由此可以看出，社会关系被认为是一种可以给个人或社会带来益处或者收益的思想雏形，这与社会关系的"资本论"有相同之处。科尔曼（1999）、林南（2001）、边燕杰（2002）、伯特（2000）等人则认为社会资本是一种资源，这一资源嵌入于社会关系网络，网络中的个人可以通过其成员资格在社会网络以及更大的社会结构中获得稀缺资源；福山（Fukuyama，1995）、联合国开发计划署（1995）等则将社会资本总结为一种价值观念、社会规则或规范，用于处理人与人之间以及社会各组成部分之间的关系；而张广利、陈仕中（2006）等人则持综合观点，认为社会资本既是网络、规范，也是一种资源，在朱国宏及其学术团队中，社会资本被划分为微观层面与宏观层面，他们将宏观层面的社会资本定义为国家或区域范围内的社会资本，将微观层面的社会资本定义为个体行动者所拥有的社会网络和嵌入在社会关系网络中的信任、规则和情感等。总体而言，目前对社会资本的界定有社会资本网络论、社会资本资源论、社会资本规则论、社会资本综合论四种。学者们从不同的理论视角出发，对社会资本概念的形成作出了自己的判断。就中国传统的乡土社会而言，农民并非孤立存在的个体，其生产经营活动建立在其与周边村民的联系以及村庄社会长久以来所形成的特定经济社会环境中。因此本书认为林南（2001）关于社会资本的论述可能更切合中国实际，即社会资本是嵌入到一定网络结构中的资源，个人通过成员资格与社会网络的其他成员产生联系而获取资源。社会网络通常具有开放性、延伸性以及多样性，因此不同个体拥有的社会资本各异。

对于社会资本的范围，一些学者关注究竟是"使用了的社会资本"还是"可使用的社会资本"。"使用了的社会资本"强调已经在社会关系网络中获取并使用了的社会资源；而"可使用的社会资本"则关注的是在社会网络结构中潜在的、可用的资源，可能目前尚未被个体获取或者利用，但在需要用的时候可以调用的资源和"资源池子"。按照菲拉帕和沃尔克（Flap & Volker，2001）的说法，"可摄取"的潜在资源并非意味着这些关系就一定会被使用。本书认为，在农民进行农业生产经营的过程中，农民经营决策的提出有可能受"使用了的社会资本"的影响，但农民生产经营的决策更应关注的是"可使用""可摄取"的潜在社会资源。尽管这些资源在当前未被使用，但"资源池子"的丰裕程度对农民是否开展规模经营、或预期农产品有无通畅的销售渠道等生产决策和生产预期提供了可依赖的信息资源。因此，本书关注的社会资本是指"可使用的社会资本""资源池子"。基于此，本书将社会资本定义为嵌入在某一给定中心网络的潜在社会资源的总和。

在"乡政村治"的中国乡村，农民生产经营决策除受家庭社会关系网络的影响外，还受村庄经济社会环境的影响。因此本书参照桂勇、朱国宏及其学术团队（2003）对社会资本的理解，将社会资本区分为个体层面的社会资本（嵌入在家庭社会关系网络中的资源）和群体层面的社会资本（村庄区域的整体社会资本特征）两种层次。以社会关系网络为表征的个体社会资本主要是指无形的社会资本，以新经营主体乡村入驻为特征的群体社会资本主要是指有形的社会资金。有形社会资金及新经营主体的乡村入驻，增添了乡村的经济和社会活力，为乡村农民增加了无形的社会资本，二者相辅相成。

个体层面的社会资本是指农户家庭所拥有的社会资本。参照杨俊等人（2009）关于个体社会资本的界定方式，本书将农户个体社会资本分为结构型社会资本和关系型社会资本。结构型社会资本包括农户社会关系网络成员的职业种类和职业层次，职业种类代表农民社会关系网络的异质性，职业层次代表社会网络的顶端资源；关系型社会资本包括农户与其社会网络成员的认识时间、交往频率、亲密程度、熟悉程度和信任程度。关系型社会资本代表农户与社会关系网络联结的深度。农户社会关系网络的异质性、顶端资源与联结深度共同构成了微观层次的农户个体社会资本。

群体层面的乡村区域社会资本是指乡村整体经济和社会环境的特征。从产业发展的角度来看，乡村区域社会资本应关注外来经营主体的乡村入驻与乡村内部经营主体的成长给乡村经济和社会生活带来的改变，因此区域社会资本分为经营主体的外源入驻与内生成长所形成的社会资本。社会资本构成指标具体如表 3-1 所示。

表 3 - 1 社会资本构成指标

一级指标	二级指标	三级指标	指标表征
个体层面的社会资本	结构型社会资本	职业种类	网络异质性（广度）
		职业层次	网络顶端资源（高度）
	关系型社会资本	认识时间	网络联结深度
		交往频率	
		亲密程度	
		熟悉程度	
		信任程度	
群体层面的社会资本	外源入驻社会资本	外来经营主体乡村入驻	村庄外部资本注入
	内生成长社会资本	村庄内部规模经营主体	村庄内部产业联系增强

3.1.2 社会资本嵌入

"嵌入"概念首先由波兰尼在 1944 年提出，他认为，经济行为与经济（非经济）制度密不可分并嵌入其中，经济行为作为一种过程嵌入于经济和以文化、习俗为特征的非经济制度中。可见，波兰尼提及的"嵌入"可以理解为经济行为与非经济制度的双边嵌入和相互影响。1985 年，格兰诺维特创造性地重塑了"嵌入性"概念，提出了嵌入性思想。格兰诺维特认为，嵌入是指经济行动是在社会网中的互动过程做出决定的。嵌入性是经济行为的一种持续化情境，社会网络影响人类的经济行为。格兰诺维特强调社会环境对经济行为的影响，即在经济行为的分析中考虑将社会关系纳入。由此可以看出，这一嵌入性概念强调经济行为与社会体系的多维和多边联系，即社会资本嵌入经济生活，对经济生活产生影响。嵌入观点建立在社会关系网络分析方法和理论的基础上，并对社会关系网络中如"人际关系连带的强弱""社会网的性质""结构洞"等关键概念进行操作化计算和定义。自哈里森和怀特等人（Harrison & White，1970）提出"新经济社会学"的研究视角以来，社会关系网络的测度和衡量逐渐清晰，可操作性变强，模型化分析逐渐成形。

嵌入观点作为"新经济社会学"的核心内容并在学界得以广泛应用。格兰诺维特提出的嵌入观点批评了新古典经济学观点过于"窄化"的问题，忽略了经济行动都是在人际互动中作出的决定。格兰诺维特认为，从社会关系中的人际互动角度入手分析经济行为，对经济行为具有更强的解释力。"嵌入性"理论中和了新古典经济学功利主义关于"以经济理性的成本效益分析作为经济行为的决策依据"的"低度社会化"的观点以及"经济行为完全屈从于社会压力"的"过度社会化"观点，开辟了一条研究社会结构如何影响市场行为的路径，它的提出为社会视角的经济行为研究提供了切入点。

格兰诺维特的弟子罗家德将格兰诺维特的"嵌入"观点译为"镶嵌"（罗家德，2015）。但本书认为，"镶嵌"与"嵌入"是有区别的，"镶嵌"强调的是社会结构与经济行为的双边影响，社会结构中人与人的互动影响经济行为，即社会结构"嵌入"经济行动；经济行为对社会结构也有可能产生影响，即经济行为"嵌入"社会结构。因此，"镶嵌"观点适用于波兰尼最先提出的经济制度和非经济制度相互影响的双边嵌入关系。相较而言，"嵌入"则是侧重于单一方面的研究。格兰诺维特的"嵌入"观点内容为"经济行动是在社会网中的互动过程做出决定"，实际上更多的是强调社会网中的人际互动对人们经济行为的影响，是社会结构"嵌入"经济行为的研究。因此，本书所提及的"社会资本嵌入"是指农民的农业经济行为受社会结构中人际关系网络互动的影响。

根据对社会资本概念与"嵌入性"的归纳，参考桂勇等人（2008）的研究思路，本书将社会资本嵌入分为个体层面的农民个体社会资本嵌入以及群体层面的区域社会资本嵌入。个体层面的个体社会资本嵌入包括社会资本的自我嵌入和他人嵌入。社会资本的自我嵌入是指农民个体社会资本对自己的生计活动造成的影响；社会资本的他人嵌入是指相邻农户的个体社会资本对农户生产经营活动产生的交互影响。自我嵌入与他人嵌入的社会资本着眼于农户家庭与社会关系网络的联系。参照杨俊等人（2009）的测度方法，本书将个体层面的社会资本分为结构型社会资本与关系型社会资本。结构型社会资本嵌入是对嵌入与经济行为的社会网络结构的描述，它是指行为主体社会关系网络构成的异质性特征、网络顶端资源的多少等；关系型社会资本是指行为主体与社会网络成员之间关系的疏密和关系的质量的特征。群体层面的社会资本是指区域社会资本特征，区域社会资本嵌入是指乡村区域社会环境的改变对农民的生产生活产生的影响。在当前的农业经济环境下，外部社会资本嵌入所引起的乡村环境改变以及内部经营主体成长所引发的乡村环境的变化是引起乡村农业经营环境变化的主要来源，对农民生产经营活动造成影响。鉴于不同类型新经营主体与农民之间的关联，将群体层面的区域社会资本嵌入分为内生紧密型嵌入与外源松散型嵌入，具体如图 3 - 1 所示。

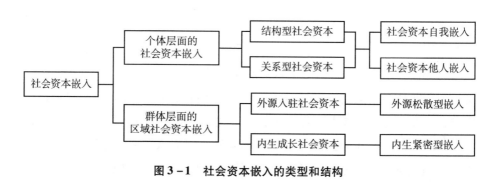

图 3 - 1　社会资本嵌入的类型和结构

3.1.3　农民收入

农民收入有多种来源，包括工资性来源、生产经营性来源、财产性来源以及转移性支付收入等。工资性来源是指农民提供劳务所获得的收入，即劳动报酬，农民受雇于单位和个人，出售自己的劳动力而获得收入，一是可能来自于在本地企业中从业获得收入，二是农民在非企业经营的劳动供给中获得收入，三是本地常驻农村居民在外地务工取得的收入。就以非农为主的兼业农业或者以打工为收入来源的非农农户来说，工资收入是其收入的主要来源；但就纯农户和以农为主的兼业农户而言，供给劳动的工资性收入是其用农业生产的业余时间短期或短暂供给劳动力所得，并非这两种类型农户收入的主要来源。农民的生产经营收入是指农户以家庭为生产经营单位进行生产筹划和管理所获得的收入，在农业领域，主要是指农民从事农、林、牧、渔及相关副业所获得的收入。当前，在农地"三权分置"和乡村振兴战略背景下，在乡农民与返乡农民都在寻求在农村的生计来源。以经济作物种植为主的农户通常专注于农业生产，且也可能通过土地流转扩大经营面积，因此这一部分的农民主要以其农业生产经营收入为主要来源。农民的财产性收入主要是农民对外投资和进行财产租赁所取得的收入，如出租土地、出租房屋等。就在乡居住并经营和以土地收入为主的农户而言，这一部分收入可能为零，或者所占比例较小，构不成收入的主要来源。此外，就农民而言，可能会获得部分转移性支付，即政府按照一定方式所拨付的财政无偿资金，如农业补贴、捐赠和利息支付等。尽管每年政府用于农业转移支付的资金数额均较大，但就农户而言，能真正补贴到手里的数目极少，且补贴是短暂性发放，亦无法构成收入的主要来源。本书针对广西砂糖橘种植户进行研究，与粮食作物和其他经济作物不同的是，管护砂糖橘需要投入大量的人力（劳力）、资金和时间，这一类农户常年进行种植管理、除草、除虫、税费管理、剪枝等繁琐工作，经常无暇顾及其他，且年经营收益较大。基于以上分析与砂糖橘种植户的特点，以及依据本书调研所得的实际数据判断，本书拟采取砂糖橘种植户的家庭经营性收入作为收入增长的研究对象。当然，农户家庭成员在闲暇之余也可能帮助其他农户务工或取得政府的经营补贴，但这些收入相对于家庭经营收入而言，所占的比重较小，砂糖橘种植农户的收入来源绝大部分是经营性收入来源，家庭经营性收入的增长也在很大程度上代表该类型农户的收入增长。因此在本书的分析中，采用农户家庭经营性收入来代表农民收入。

3.2 理 论 基 础

3.2.1 社会资本理论

社会资本是指个人在其网络组织结构中所处位置的价值，就群体而言，社会资本是指群体中使得成员之间相互支持的那些行为和准则的积蓄，自20世纪70年代以来，社会学、经济学、组织行为学等多个学科对这一概念逐渐关注，直至 20 世纪 90 年代，社会资本理论逐渐成为学术界所关注的前沿问题和焦点问题。各学科都从自身的角度对社会资本进行了研究，尤其是经济学与社会学的融合交叉学科用社会资本来解释经济增长和社会发展的问题。在一些西方国家，社会资本甚至被认为是解决社会矛盾的新思路，即所谓的"第三条道路"。

在新古典经济学将人们经济行为的分析建立在"理性经济人"的假设前提下，认为个体的经济行为以追求自身的利益最大化为目标，"理性的经济人"假设不涉及社会关系（李久鑫等，2002）。新古典经济学有不同看法。新经济社会学从"嵌入性"视角对个体的经济行为进行解释，认为个体经济行为并不是孤立存在的，而是嵌入于社会结构中。美国经济学者格兰诺维特1985 年在其论文《经济行动和社会结构：嵌入性问题》中对"嵌入性"的概念进行了进一步的阐述，认为经济行为总是嵌入于社会结构中，经济行动受到社会关系中人际互动关系的影响。格兰诺维特关于"嵌入性"问题的论述，中和了古典经济学关于"理性人"假设的"社会化不足"倾向与社会学关于"社会人"假设下的"过度社会化"的极端。兰建平等人（2009）认为，"社会化不足"与"过度社会化"两个倾向和极端都难以对现实的经济行为进行合理的解释。而"嵌入性"融合了这两个倾向和极端，对经济行为具有更为符合实际的解释力。因为它强调了经济行为嵌入于社会结构中，社会结构中人与人的互动关系对人的经济行为产生影响，经济行为的实施过程绝不可能脱离与之相连的社会关系。

社会资本理论为本书提供了新的研究视角，也为本书构建社会资本测度指标体系提供了理论和操作层面的指导。农民个体的经济行为嵌入其所处的社会关系网络中，社会关系和社会结构必然影响农民的行为选择。因此，本书以社会资本的嵌入视角出发研究社会资本与农民收入增长之间的关系。

3.2.2 规模经济理论

规模经济又称为规模效应，它揭示的是规模生产的经济性特征，是指在一特定时期内，企业产品绝对量增加时，其单位成本下降，即扩大经营规模可以降低平均成本，从而提高利润水平。典型代表人物有阿尔弗雷德·马歇尔（Alfred Marshal）、张伯伦（E. H. Chamberin）、罗宾逊（Joan Robinson）和贝恩（J. S. Bain）等。马歇尔在《经济学原理》一书中提出："大规模生产的利益在工业上表现得最为清楚。"马歇尔还论述了规模经济形成的两种途径，即依赖于个别企业对资源的充分有效利用、组织和经营效率的提高而形成的"内部规模经济"和依赖于多个企业之间因合理的分工与联合、合理的地区布局等所形成的"外部规模经济"。另外，他还进一步研究了规模经济报酬的变化规律，即随着生产规模的不断扩大，规模报酬将依次经过规模报酬递增、规模报酬不变和规模报酬递减三个阶段。马歇尔首次把生产上的规模效应分为两种类型：内部规模效应和外部规模效应。在提出内部规模效应与外部规模效应理论的基础上，马歇尔又进一步研究了内部规模效应的三种情况，即规模报酬递增（内部规模经济）、规模报酬不变和规模报酬递减（内部规模不经济）。

3.2.2.1　内部规模效应

内部规模效应可以用企业自身规模变化和产出（平均成本）变化的关系来描述。从投入和产出的角度来看，规模效应理论是指企业生产过程中要素投入变动与产品产出变动的比较关系。从规模的变动与平均成本的变动关系来看，规模效应理论是指企业规模的内部扩大或者行业经营规模的提升对个体企业平均成本的影响，进而影响利润水平。

当企业投入变动比例小于产出变动比例，或企业规模扩大导致平均成本的降低，表现为内部规模经济（规模报酬递增）的过程。内部的规模经济往往来自于企业对资源的有效和充分利用、组织和经营效率的提升，或是各生产要素的有机结合产生了"1 + 1 > 2"的效应。

当企业投入变动的比例等于产出的变动比例，或企业规模的扩大而企业生产的平均成本并无变化时，这一阶段为规模报酬不变。

当企业投入变动比例大于产出变动比例，或企业规模扩大导致企业平均生产成本提升时，则表现为内部规模报酬递减（规模不经济）。内部规模不经济可能由投入资本相对过剩、要素之间相互制约、组织臃肿或经营规模过于庞大而使得经营效率下降等造成。内部规模效应在图形上表现为线上点的移动，具体如图 3-2 所示。递减阶段表现为内部规模经济，水平阶段表现为规模报酬不变，递增阶段表现为内部规模不经济。

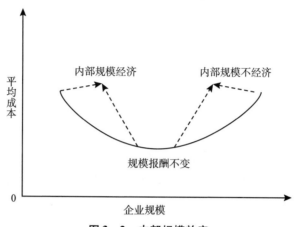

图 3-2　内部规模效应

农民个体社会资本是嵌入于农民社会关系网络的可用资源，它对农民自然、金融、物质或人力资本有着重要的配置作用，结合各种农业生产要素（劳动、资本、人力、自然资源等）实现最佳规模产出，是农民生产决策的重要目标。农民个体或家庭社会资本提升，嵌入于农民社会网络关系中的各类资本也随之发生变化，可能会形成资本配置的更佳状态，从而对农民的生产经营绩效产生正向影响，形成内部规模经济。但由于农民个体社会网络封闭性以及信息的内部循环机制的存在，或由于社会网络关系内部信息的同质性，内部规模经济效应不能持续产生，可能会在相当一段时期内保持规模经济不变或者转向内部规模不经济阶段。因此，社会资本嵌入与农民收入增长之间，可能存在内部规模经济（规模报酬递增）、规模报酬不变以及内部规模不经济（规模报酬递减）三个影响阶段。

3.2.2.2　外部规模效应

外部规模效应描述的是行业规模的变化对个体企业平均成本的影响关系。

当行业整体规模的扩大或行业的地理或空间聚集导致个体企业平均成本的降低，这时产生外部规模经济。外部规模经济可能来自于因行业聚集、合理布局或因地理相近产生良性的外溢效应。当行业整体规模扩大或由于行业聚集造成个体企业平均成本的提升，对个体企业形成负的外部性，外部规模不经济产生。外部规模经济在图形上体现为企业平均成本曲线的整体下移，反之外部规模不经济则表现为企业平均成本曲线的整体上移过程，如图 3 - 3 所示。

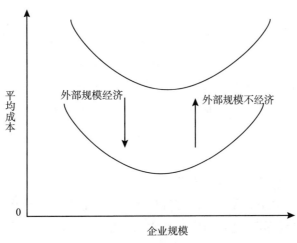

图 3 - 3　外部规模效应

　　在马歇尔的《经济学原理》（1890）中论述，外部规模经济与企业集群之间的关系密切，由于产业或企业的地理集聚，形成"产业区"，信息与知识在"产业区"的外向溢出可以使得聚集区内的企业生产效率高于单个分散的企业，或者平均生产成本小于分散生产时的生产成本，尤其是通过企业之间的互动以及企业联合组织之间的互动促进了企业之间的知识和信息溢出（杨竹清，2010）。

　　德国经济学家韦伯（Alfred Webber）在其论著中（1909）提及了集聚的重要作用。他认为，集聚可以获得成本的节约，企业的聚集可以带来更多的收益与更低的成本，如农业产业的聚集可以使得农业生产社会化、农业服务以及农业劳动力的搜寻成本得以降低；企业集聚有利于公共道路、基础管道、自来水等基础设施的共同建设和共享使用，从而降低企业的经常性开支，个体企业平均成本降低与产业聚集呈螺旋式互动。20 世纪 80 年代兴起的新产业区理论认为，产业的发展与经济组织结构和文化传统等社会因素紧密相联。一个有利于组织创新以及人才成长的行业环境，是一个企业成长的重要外在因素。硅谷的聚集、中关村的形成就是很好的例证。

以新经营主体内部成长和外部入驻为特征的乡村区域社会资本成长，会对农民收入产生影响，体现为外部规模效应。不管新经营主体是内部成长还是外源入驻，对传统的小农经济都会形成极大的冲击，随之而来的是模仿、跟随以及配套产业的形成和入驻形成乡村产业集聚，改变了农民生产的社会环境，为乡村发展带来了新的要素。新经营主体或松散或紧密地与本土农民产生关联，也在悄然改变农民的生产方式和扩宽农民的收入渠道。产业集群中企业间相互紧密联系是产业经济得以快速和蓬勃发展的重要原因，企业间的相互联系建立在彼此熟悉、信任以及交往的基础之上，而这一交往关系是依靠企业领导人之间的社会关系网络建立起来的，因此企业领导人之间的紧密交往是保持企业蓬勃发展的关键因素。

在后来的研究中，理论界认为规模经济至少包括三个层次，除马歇尔论述的内部规模经济外，还包括因产业空间聚集引起的外部经济和建立在多样化经营基础上的规模经济即"范围经济"。由工厂模型和众多企业在局部空间上的集中而产生的是聚集经济，聚集经济是由外部性所引起的，表现为 LAC 曲线的平移，外在经济使 LAC 曲线向下平移，成本节约。外在经济是由于厂商的生产活动所依赖的外界环境得到改善而产生的；范围经济（Economies of scope）是来自厂商的范围而非规模带来的经济，也即是当同时生产两种产品的费用低于分别生产每种产品所需成本的总和时，所存在的状况就被称为范围经济。把两种或更多的产品合并在一起生产比分开来生产的成本要低，范围经济就形成了。从另一种意义来说，范围经济是一种横向的规模经济。

规模经济是农户生产经营行为追求的目标，社会资本的地缘及亲缘扩散可能引发因生产要素合理配置产生的内部规模经济以及因产业集聚经营产生的外部规模经济，探究农户社会资本嵌入对农民收入增长的影响，实际就是在探讨农户生产内部规模经济及外部规模经济的形成过程，因此，规模经济理论为本书主体的研究奠定了理论基础。

3.2.3 集体行动理论

奥尔森（Olsen）在1965年提出了集体行动理论。在此之前被普遍认同的理论是"有共同利益的个人或企业集团会自发地组织起来，为集体利益出力"。但奥尔森发现，这一理论并不能解释现在生活中的许多问题，即个人的理性行为往往无法达成集体或社会的理性结果。新政治经济学将公共产品的供给看作是一个集体行动问题，集体行动产生的公共利益为集体成员提供了一个"公共产品"，但由于公共产品具有使用的"非排他性"特征，一旦生产出来就无法将未作贡献的人排除在外，未对此产品作出贡献的其他成员也可以分享相同的收益。理性成员都会希望他人承担公共产品的生产成本，而自己可以搭乘这些人的"便车"。因此理性的个人一般不会为争取集体的利益作出贡献，集体行动陷入"困境"。那么，集体行动何时达成？奥尔森认为，只有当集体成员认为其收益大于其参与集体行动的成本时，集体行动才会发生。即假设集体成员为 n 人，集体成员收入只占集体收入的 $1/n$，当成员集体行动产生的集体效益大于其付出的 n 倍时，集体行动才会发生。显然这一行动选择跟集体规模有关，集体规模 n 越大，集体成员享有集体收益的份额就越小，可能"搭便车"的人也就更多而且不容易被发现。根据奥尔森的论述，集体行动存在于群体人数较少或存在强制性手段的两种情况下。若缺乏这些条件，理性的个人将不会采取集体行动（奥尔森，1995；葛明，2015）。可见，小规模成员的集体合作以共同承担公共产品的成本是克服"搭便车"的有效选择，合作的频率和深度是集体行动能力强弱的标志。另外，奥尔森认为，选择性激励是走出集体行动困境的路径选择，是个体为实现共同利益采取的某种手段。集体的共同利益是一种普遍性激励，惠及集体中的所有成员，无论这些成员是否参与集体行动或者是否努力参与集体行动。因此，这一普遍性激励不具备"竞争性"和"排他性"特征，无法有效促使成员采取集体行动（付刚，2011），因此奥尔森提出选择性激励，即对集体成员实施奖励（作为"正面激励"）和制裁（作为"负面激励"）（奥尔森，1995）。具有"竞争性"与"排他性"特征的选择性激励对促进集体行动有着重要作用，是个体利益与集体利益的"黏合剂"（付刚，2011）。但为了保障选择性激励有效且公正实施，促进集体行动，需要有组织作为强制力保障。根据奥尔森的论述，选择性激励与强制性手段是实现集体行动不可或缺的两大条件。组织构建的作用在于解决人们的合作困境以及实现人们所必需的公共物品的生产。可以说，选择性激励是解决集体行动困境的有效手段，而构建组织则是实施选择性激励的有效保障。

综上所述，向心力一致的小规模团体、选择性激励与组织构建是解决集体行动困境的三大要素。在外来社会资本嵌入农民传统的生产活动的过程中，显然是相关农民与外部经营主体以土地或资本为纽带所结成的小范围利益集团，在这样的小团体中，由于人数较少，每个成员的集体行动均能分享到相当份额的集体收益，在这样的情况下，成员一旦为集体付出努力和成本，他所获得的收益就很有可能远远大于其所付出的成本，这种巨大收益促成这一利益联盟开展合作经营，以获取和维护集体利益。农民与外来经营主体之间的利益共享机制决定了农民在这一小规模团体中付出努力所获得的选择性激励的大小。实际上，外来社会资本以何种方式或以何种程度嵌入农民的生活，对农民选择性激励的大小有决定性的影响。与农民深入对接形成利益联盟，扩大双方的合作范围和合作深度，有利于扩大双方的选择性激励绩效，进而促使农民及外来主体双方为达成公共利益而采取集体行动。

3.2.4 可持续生计理论

在 20 世纪 80 年代末的世界环境和发展委员会报告中首次提出"可持续生计"概念。可持续生计强调协调发展，包括农村与城市的协调、人与自然的协调以及国内发展与对外贸易的协调等。2000 年英国国际发展部（DFID）提出了可持续生计分析框架，为学者分析农民的生计问题提供了理论以及操作层面的指导（何仁伟，2014），该模型描述脆弱性背景、农户生计资本、结构与制度转变、农户的生计策略以及生计结果等五部分元素的影响机制和作用过程，具体如图 3-4 所示（王海春，2017；孙婉婉，2015）。在可持续生计框架中，农户是在脆弱性背景中寻求生存和发展的基本单元，他们拥有一定数量的生计资本（自然、物质、人力、金融和社会资本）（王蒙，2013），在脆弱性环境背景的冲击、变化和影响下，生计资本与相关的政策、制度发生交互作用，从而影响农民的生计策略选择，进而影响生计结果。农户依据生计资本情况对其进行配置和使用，采取与之相适应的生计策略，获取所需的生计结果，以期实现其生存和发展的预期目标。生计结果又对生计资本产生反作用，进一步对生计资本的性质与状况产生影响（DFID，2000；Roberts et al.，2003；朱兰兰、蔡银莺，2016）。可持续生计意味着这种生计能够足以应对脆弱性的环境变化、生计资产与生计能力，在环境变化的打击下也能快速恢复、保持甚至强化，同时对自然环境不产生损害（DFID，2000；苏芳、徐中民等，2009）。

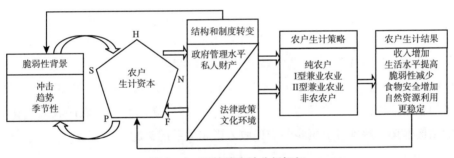

图 3-4 可持续生计分析框架

注：S 表示社会资本，H 表示人力资本，N 表示自然资本，P 表示物质资本，F 表示金融资本。

可持续生计理论及分析框架的设定建立在理性选择理论的基础上，该理论认为，行动者、资源以及利益是理性行动者采取行动考虑的三个基本要素。理性行动者在行动的过程中以自身利益最大化为目标和准则（科尔曼，1999；Massey et al.，1994）。理性行动需要行动者考虑或计算资源的禀赋程度、考虑制度以及结构等因素。在行动的过程中，行动者的行为决策受到资源的禀赋程度（即行动者对资源的拥有以及控制情况）的制约，行动者资源禀赋越多，越容易达成目标；制度通过实施激励与约束的方式对个体行为产生影响（Nevin，1969；杨婷、靳小怡，2015）。农户是理性群体，在特定的资源、生态及社会环境下，为了达到家庭的生存和发展会进行利益最大化的生计策略选择，农地规模选择恰是这种理性选择的表现。农民在选择采取何种生计策略时，都需要充分考虑生计资本的丰裕程度，也需要考虑到个体特征和制度的鼓励或约束等因素。

可持续理论及其分析框架为本书开展社会资本对农民收入影响的研究机理提供了思路和启示。社会资本是生计资本的重要构成部分，社会资本是否与其他生计资本一起对农民收入这一生计结果产生影响？或者社会资本在影响农民收入这一生计结果的过程中，存在怎样的影响机制？在当前农业经济发展的转型时期，农民生产经营所面临的环境发生了较大的变化，城乡融合发展的过程中要素向乡村流动大大地改变了农民生产生活所依赖的环境。因此，在这一环境变化冲击下，农民如何利用社会资本，以及在社会及其他生计资本利用过程中的相互作用对生计结果产生了怎样的影响，都是本书即将讨论的重点问题。可持续生计理论及分析框架为本书的实证研究提供了具体的指导。

在研究社会资本对农民其他生计资本发挥资源配置的过程中，本书使用的"其他生计资本"变量选择就是依托可持续生计理论及框架中生计资本（含自然、金融、物质和人力资本），采用了生计资本影响生产策略即生计结果的思路，构建"社会资本嵌入→内部（外部）规模经济→农民收入变化"的结构框架，解构社会资本与农民收入影响关系的黑箱。

3.3 研究框架

依据规模经济理论的内容，农民收入增长的来源可以分为"内生"及"外源"。收入增长的"内生"主要关注农民自身的资本、学习和创新能力提升对收入提升的重要作用；收入增长的"外源论"观点则强调集群外部新要素和力量的嵌入对农民的影响，关注农民成员的相互联系和其生产要素之间互动联系的加强导致的收入提升。本书认为，社会资本所形成的内部规模经济与外部规模经济是农民收入增长的基础和源泉，并依据此观点构建本书的分析框架。

结合个体层面与群体层面的社会资本影响农民收入增长效应的机理分析，建立本书的逻辑分析"社会资本嵌入→内（外）部规模经济→农民收入变化"框架图，如图 3 - 5 所示。

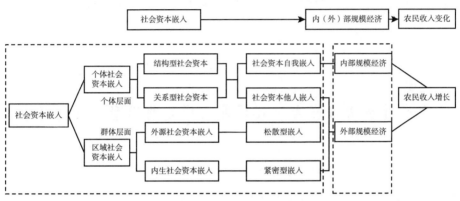

图 3 - 5　社会资本嵌入影响农民收入增长分析框架

个体层面的社会资本嵌入依据农民社会资本的特征，将农民的个体社会资本分为结构型社会资本和关系型社会资本。结构型社会资本表征农民社会资本网络的异质性和顶端资源，关系型社会资本表征农民与其社会关系网络联系的密切程度，表征社会资本的深度。一方面，农民个体社会资本通过自我嵌入的方式形成内部规模经济效应，对自我的生计资本进行配置进而影响农民收入增长。另一方面，农民个体社会资本通过他人嵌入的方式对相邻农户的收入产生外生的和内生的交互效应，形成空间溢出，影响农民收入增长。

群体层面的社会资本以区域社会资本嵌入为特征，依据当今农业发展的实际，以新经营主体内生成长和外源嵌入为群体社会资本嵌入特征，与无（低）嵌入型状态相比，从外部规模经济的角度来探讨区域社会资本的外源松散型嵌入与内生紧密型嵌入模式对农民收入增长的影响。

第 4 章

社会资本嵌入对农民收入增长的影响：历史演进与现实考察

4.1 社会资本嵌入对农民收入增长的影响：历史演进

村庄是一个农户集中居住的紧凑社区，在当今"乡政村治"的治理格局下，村庄也是当今社会治理的基本单元，乡村社会中人们的互动关系与其社会结构变迁也延续着中国发展的历史痕迹，在以"差序格局"为特征的乡土中国，社会资本在推动农业社会发展的过程中起着不可忽视的重要作用。波兰尼在总结经济社会发展的过程中，认为经济社会发展经历三个阶段：一是"嵌入"经济阶段，该阶段表现为以伦理道德与网络成员间的互惠关系为特征（Polanyi，1944；张伟明，2013）；二是"脱嵌"经济阶段，"脱嵌"经济是相对独立的经济主体之间的交互关系与社会关系；三是"再嵌入"经济阶段，"再嵌入"经济是指新的社会关系"回潮"的现象，纵观我国经济社会发展的历史，农村经济社会的发展也经历了这三个阶段。

4.1.1 传统农业时期的"嵌入"经济阶段：换工行为与收入提升

中国有着悠久历史的传统农耕文明，在农业发展的进程中，逐渐形成了一套注重家庭、家族、房族和村落的作用为特征的重要伦理规范。农村土地产权的集体性质也成就了我国农村社会以家庭和血缘关系为依赖的特有传统，以家庭、家族、村庄成员为中心的血缘、亲缘和地缘形成的社会关系网络成为农民赖以生存和发展的重要社会资本（张伟明，2013）。家庭成员间的联系是天然的，也是农村社会资本结构中最稳定的环节，家庭以外的家族、房族范围内所形成的信任、互惠网络关系对村庄的经济社会产生极其重要的影响。在乡村秩序维护、劳动生产互助、帮扶乡村弱势群体以及供给乡村公共产品方面起到了极为重要的作用。农业生产具有较强的季节性和时限性，"农忙如救火"，错过了时节可能就错过了好收成。单个农户由于劳动力欠缺以及生产工具缺乏等原因，传统农业生产下的广大农民在长期的生产实践中不断摸索出"换工"的形式，在劳动力资源紧缺的农忙季节，农业"换工"行为时常发生。此外，农民还可能通过"拟亲缘"的方式来扩展自身的社会资本结构。可以说，经营自己的社会网络关系并从中获取所需的资源，已经成为农民生活中的重要组成部分。农村自然形成以及构建形成的"人情关系"，在社会关系的亲疏远近中逐渐形成一种差序格局，这一关系格局中的每个成员都是社会网络中的一个重要节点。传统时期家庭、家族等社会资本在农业生产中的作用往往是生产或者劳动互助，在农忙抢收时节，劳动力较少的家庭往往以给其他亲属或者邻里提前帮工的形式积攒劳动力回报，以便在自己抢收的季节可以获得"帮工回报"，使得粮食收割等工作得以快速完成。劳动互助及劳动工具互借使用的情况在传统乡村是普遍存在的，也正是由于这一交互关系，农民的生产操作进程得以缩短，将因天气等自然灾害或劳力不足导致过程增加而造成的农业损失降到最低，提升了农业收入水平。从收入数据来看，1949年，农民人均纯收入仅为43.8元，1949～1957年，农民收入年均增长6.6%，农民生活有着较大的改善；1956～1978年，农民收入呈缓慢发展趋势，年均增长2.4%。其中，1966～1978年受"文化大革命"的影响，农民人均纯收入每人年均仅增长2元①。可见，社会资本与农民收入之间存在较大的关系。农民团结、换工互助与这一阶段的收入增长有着较大的关联。

传统农业时期个体农民的生产规模小，劳动工具陈旧以及生产资金短缺，农业生产力水平比较低，农业生产的互助合作既实现了资源和劳动力的优势

---

① 秦兴洪，廖树芳，武岩. 近50年来中国农民收入变动的五大特征考察 [J]. 学术研究，2003 (11)：34－39.

互补，又在实践中带出了许多种田熟手，通过牲畜"搭套"、以工换畜、农具互通以及帮（换）工等方式解决农业劳动力、农业资源不足的问题，提高了农业生产效率以及抵御自然灾害风险的能力。传统农业时期社会资本作用于农民收入的渠道大多是通过配置农户的物质资本、金融资本以及人力资本进而影响农民收入。以家庭、家族和生产队为基础的社会网络结构及网络关系增强了农业互助和合作过程，农业生产有了新的发展，农户两极分化的趋向有了一定程度的缓解，农民收入也有了较大程度的提升。

4.1.2 农业转型时期的"脱嵌"经济阶段：劳动力转移与收入多元化

改革开放后，中国的城市化进程不断加快，农业生产要素不断向非农产业转移，农村剩余劳动力不断由乡村流向城市。在农地非农化进程不断加快的过程中，传统农民向市民转变，乡村集体组织成员不断减少，传统乡村的社会格局也因此受到较大的冲击。乡村由原有的社会资本主导转变为传统与现代社会资本交织的状态，在农民在向市民转变的过程中，邻里不交往、楼上楼下不相识的情况普遍存在。一方面，传统农村的社会资本受到现代社会资本的挤压，"乡族力量"不断弱化，而符合现代社会特征的社会资本由于尚未有效构建而在行动力上略有不足，且现代社会资本对农民来说尚处于难以利用的初级状态，在传统社会资本与现代社会资本融合的转型时期，家族、邻里以及自组织社会资本无法发挥应有作用，转型时期的社会资本处于"脱嵌"经济阶段。但与此同时，农业转型时期农民社会资本由传统乡村向城市扩展，一种相对具有开放性、异质性的社会资本重新建立。在社会网络向外部延伸的过程中，由于封闭性以及排他性的存在，家庭及家族以外的网络成员间的联系也较为松弛，延伸半径较小，主要表现为弱关系联结。转型时期社会资本主要对农民非农转移过程中的工作寻找起着关键作用，农民外出或进城务工往往出现同村或者同乡聚集的情况，社会资本对农民收入的非农化与多元化结构转变发挥重要作用。从阶段来看，国家"六五"时期（1981～1985年），农民人均纯收入年均增长14.1%；"七五"期间（1985～1990年）农民人均纯收入年均增长4.3%。可见，从"六五"到"七五"期间是农业转型发展阶段。农民人均纯收入呈下降趋势，这一时期的农民收入不局限于农业收入，非农收入持续化增长。1980～1994 年，东部地区（以广东、浙江、江苏三省为代表），其收入由 1980 年全国平均数的 1.24 倍扩大到 1.72 倍。从收入来源看，1980 年农民生产性纯收入与第一产业的占比为 86%，在 1994 年这一占比调整为 70.5%，在农民生产性纯收入增长的比例结构中，来自第二三产业的比重已由 1980 年的 0.4% 扩大到 17.6%[①]。可见，城乡劳动力转移和农民收入的多元化是农业转型发展时期的重要特征。

以城镇化为基础的农业经济转型时期，农民在向市民转变的过程中，社会资本结构和关系发生了调整，新的社会网络结构与关系在不断形成。在原有社会资本网络不断弱化以及新的社会网络结构尚未完全建立的时期，形成了社会资本的"脱嵌状态"。对于农业转型时期的"新型农民"（以务工或兼业为主），社会资本影响农民收入多是通过"示范作用""网络扩散效应"等空间溢出过程对农民收入产生影响，相邻农户进城务工获得收入为传统农民提供了榜样和示范力量，并为传统农民进城提供了信息传递，起到了介绍和推荐作用，为农民提供就业或兼业机会，农民依靠提供自身劳动力获取就业收入。在农民进城务工过程中，农业收入比例缩小，非农就业比例增加，农民收入呈现结构变化与多元化趋势。

4.1.3 城乡融合时期的"再嵌入"阶段：资本与农衔接的收入升级

2014 年农地"三权分置"的提出，打开了阻碍城乡要素自由流动的制度藩篱，要素"由乡向城"流动逐渐转变为"由城向乡"流动，乡村重新成为广大资本落地和运作的新场所。新经营主体乡村入驻为传统乡村社会资本的扩展注入了新的活力，传统村落中的紧密关系网络得以重新组织，网络资源分享模式由城向乡，发生了空间上的转移，城乡要素进入融合时期。这一时期农村社会资本体现为"再嵌入"的经济阶段。一方面，农民工带着其在城市结识及积累的城市社会资本返乡创业，为乡村注入生力军的同时带来了广

---

① 王平生."九五"时期农民收入增长趋势及对策［J］. 经济改革与发展，1996（9）：5.

泛的社会资本；政府及社会等各种力量促成的乡村精英返乡、驻乡或留乡机制亦为乡村经济社会的发展带来新的活力；另一方面，农业新型经营主体进驻乡村，以农村土地为经营场所，与当地的农民产生紧密关联，如与农民发生土地租赁、劳动力雇佣或资本合作等关系。新经营主体更多地以现代农业生产和经营的方式在乡村场域内展示巨大活力，为乡村场域内的农民带来了示范力量、模仿作用以及市场机遇。可以说，内源主体返乡与外源主体驻乡的"再嵌入"模式重启了乡村传统的社会资本，扩展了乡村的新型社会资本，共同推进和改善着乡村的社会经济生活。城乡融合时期社会资本"再嵌入"模式大范围地扩展了农民的经营视野以及市场空间，为农民进行规模化经营、多样化经营提供了现代农业的样板，为农业生产规模经济和范围经济的实现奠定了基础，新注入要素与农业要素的密切合作也极大地缩小了农民的生产经营成本以及交易成本，进一步实现了农民收入的提升。

城乡融合时期的新经营主体乡村成长和外源注入对整个乡村的农业经营环境产生影响。对于个体农户而言，内生成长以及外来注入的新经营主体在不同程度上嵌入农民的经济生活，与农民发生土地、劳动力或资本等方面的关联，为其提供了经营的榜样和示范力量，促使个体农民调整自身的生计资本配置状况并探索适合自己的农业生产经营方式，或模仿经营，或与新经营主体互补经营，或成为其生产价值链中的一环。农民逐渐脱离原有的传统经营状态，通过与新经营主体的关联逐步向现代农业经营方式转变，与大市场衔接。传统农村也逐渐向新型乡村转变，城乡居民收入差距逐步缩小，农民收入也迈上新的台阶。

4.2　社会资本嵌入对农民收入增长的影响：现实考察

4.2.1　研究区域概况与样本调研情况

4.2.1.1　研究区域概况

广西地处华南西部，是中国西部地区唯一的临海省份，面向东南亚，是中国与东南亚贸易往来的重要通道。由于地处亚热带季风气候区，广西光照充足，雨水充沛，气候适宜，有着独特和丰富的农业资源，具有发展柑橘产业得天独厚的自然和生态条件，加上广西还具备丰富的农业劳动力资源，2018 年广西果园面积 1263.63 千公顷，园林水果产量 1790.55 万吨，比上年增产 13.3%[①]。广西成为柑橘的主要产区之一。据统计，广西柑橘近年呈快速发展趋势，2021 年，柑橘种植面积为 $5.33 \times 10^5 \mathrm{hm}^2$，比 2014 年增长 $2.4 \times 10^5 \mathrm{hm}^2$，柑橘产量从 2014 年的 $4.72 \times 10^6 \mathrm{t}$ 增长到 $1.1 \times 10^7 \mathrm{t}$（梁明骅等，2022）[②]，柑橘产业是广西农业重要的支柱性产业。近年广西柑橘种植面积及产量发展状况如表 4-1 所示。

表 4-1　　　　　　　　　　近年广西柑桔橙产量情况

年份	2010	2015	2018	2019	2020	2021	2022
产量（万吨）	268.69	459.07	759.12	1032.8	1281.52	1496.78	1678.6

资料来源：根据《广西统计年鉴 2023》相关数据整理而得。

目前，广西种植柑橘的主要品种有砂糖橘、沃柑、脐橙、茂谷柑、南丰蜜橘、沙田柚、金桔等。其中，砂糖橘和沃柑是广西柑橘的主要品种，砂糖橘主产区是在广西东部及北部的贺州、柳州、桂林、来宾等地区；沃柑主要分布在广西西南部，其中南宁、桂林等地分布较多。这两个主要品种各具特色，其中砂糖橘产量大、口味好、无籽或少籽。虽然砂糖橘产量大，但该果有个头小，采果成本高，害怕冻害以及不易保鲜等缺点，在病虫害方面，砂糖橘还面临着难以根除的黄龙病害。

在价格方面，根据作者调查，尽管鲜果类产品价格波动剧烈，但砂糖橘价格在 2016 年达到近年来的顶峰，果园地头批量销售价格高达 10～12 元/千克。受到价格激励，2016 年之后，砂糖橘在广西被疯狂扩种。最近十年，广西砂糖橘种植规模、种植趋势形成，远远超越原产地广东，现在主要产地有

① 广西壮族自治区统计局. 广西统计年鉴（2019）[M]. 北京：中国统计出版社，2019.
② 梁明骅，尧凤娟，余胜尤. 广西柑橘产业的现状与对策 [J]. 农业技术与装备，2022 (2)：33-35.

广西的桂林、梧州（梧州苍梧）、荔浦、永福、临桂、全州、阳朔、蒙山、金秀、象州、平乐、昭平、平南，广东的怀集、广宁、四会等。砂糖橘种植的主要产地已经由广东地区逐渐向桂东、桂东南及桂中部分地区转移，广西成为主要产地且分布较广，砂糖橘成为广西农村经济发展以及乡村扶贫的一个重大产业。

4.2.1.2 样本选取与调研开展

为充分反映广西砂糖橘种植的总体情况，本书对广西的砂糖橘种植农户进行了深入的走访调研。但调研不可能覆盖样本总体，因此本书采取分层抽样方法选择样本进行入户调研。

（1）样本量设定与样本选择。本书样本量的确定参照贾俊平（2019）的样本量确定公式：

$$n = \frac{t^2 \cdot p(1-p)}{d^2} \tag{4-1}$$

式（4-1）中，n 为样本量，t 为 5% 显著性水平下的 t 分布值（1.96），p 为总体比例即农业家庭人口与总人口的占比。依据本书的研究区域与研究对象，广西乡村人口占比为 49.78%（2019 年），d 为可接受幅度的标准误，根据贾俊平（2019）的描述，d 的取值一般应小于 0.10，将其估计值取值为 0.05，因此，广西样本估计量计算如下：

$$n = \frac{1.96^2 \cdot 0.4978(1-0.4978)}{0.05^2} \tag{4-2}$$

计算得出 $n = 384$。

因此，本书样本估计量为 384 或大于 384 的数值，实地调研的样本量越大，越能反映样本总体情况，根据调研样本数据获取的情况，本书最终确定的有效样本量为 397 份。

在全球 135 个柑橘生产国家之中，中国是原产国之一。柑橘产业是我国农业经济作物的重要产业之一，其分布也是经济作物中涉及省份最多的，最适宜、适宜以及次适宜种植区分布在广东、广西、福建、浙江、江西、安徽、云南、贵州、四川、重庆、湖北、湖南、海南、陕西、甘肃的部分和大部分地区，其中以广西最为普遍和典型①。广西（104°26′—112°04′E，20°54′—26°20′N）地处低纬度东区，属亚热带季风气候。全区气候有较大差异，全区各地极端高温为33.7～42.5℃，极端低温为 - 8.4～2.9℃，年平均气温在16.5～23.1℃之间，气候温和，雨水丰沛，光照充足，恰好满足了柑橘种植对湿度、光照以及温度等的要求。广西地形复杂，山地、丘陵、台地、平原、盆地、石山大小相杂，尽管地处低纬度地带，但全区是各类柑橘种植的最适宜区，其复杂的地形与气候条件构成了其他省份柑橘种植的典型性和代表性特征，分析广西全区的柑橘种植农户情况，对全国的柑橘种植农户开展种植和经营有着典型的指导意义。

本书选取了广西砂糖橘种植农户为调研对象。柑橘产业是广西农业经济的支柱产业，砂糖橘是近十年在广西迅速扩张种植的经济作物品种，也是以山地多平地少的地形特征为主的广西农户经营的典型品种。砂糖橘品种由广东引入，最初的种植多是以家庭农场为特征的小规模经营，经营主体主要是中青年一代的返乡创业农民。第一批种植主体经营初现效果后，砂糖橘种植在广西各市疯狂扩张，已经成为一种普遍现象。种植以返乡农民为经营主体，再带动当地小农户进行经营，形成种植的区域集聚。与传统农户种植的区别是，青年一代的种植脱离传统封闭种植和自给自足的农业经济状态，与社会紧密相联，与大市场紧密衔接是现代农业种植的主要特征。因此，本书认为，选取砂糖橘种植农户为研究社会资本影响农民收入机理的调研对象，符合主题并具有典型性。

作者及调研团队走访了除北海、钦州、防城港外的11市37个村庄（北海、钦州、防城港为广西临海地区，气候与土地不太适宜种植砂糖橘，因此分布极少）。调研区域涉及广西贺州、梧州、桂林、柳州、来宾、贵港、玉林、河池、南宁、崇左、百色11市。各市之间的样本量分布如表4－2所示。

---

① 沈兆敏. 柑桔科研大协作，全国生产大发展——中国农业科学院柑桔研究所参与我国柑桔区划协作研究简介 [J]. 中国果业信息，2010，27（7）：25－29.

表 4 - 2   样本量分布表

市区	村庄	样本量（个）
百色	高美村、新安村	23
崇左	龙大村	12
贵港	陈泽村、高朗村、高双村、旻头村、	40
桂林	会仙村、易家村、东边村、大埠村、四联村	54
河池	旱塘村、国隆村、乐江村、	32
贺州	双垌村、四联村、壮村、大盘村、独石村、平田村、利济村、太平村	72
来宾	太山村	15
柳州	古云村、龙庙村	26
南宁	马头村、桥东村、双桥村	40
梧州	泗美村、横江村、思艾村、新村村、郭田村	56
玉林	长江村、车垌村、永兴村	37
合计	37	397

（2）调研的开展。为充分获取数据，充分探讨社会资本影响农民收入的内部资源配置机制以及外部影响机制，本书作者组织了两批数据调研。

第一批调研数据来自于 2019 年 2 月 ~7 月。为获取研究所需数据，作者组织团队于 2019 年 2 月 ~7 月间在广西百色、南宁、桂林、柳州、河池、贵港、玉林、贺州、梧州、来宾、崇左 11 市的砂糖橘集中种植区域进行调研。采用分层随机抽样方法，以各市柑橘种植面积占总种植面积的比重确定样本量调研村庄数在各区分布，并采取随机抽样方法，在砂糖橘的集中种植区域选取相应数量的村庄进行入户调研，以每村 10 ~15 份问卷的数量进行入户开展调查。调查对象为户主，或者为家庭经营决策的主要决定者。

作者于 2020 年 8 月进行了补充调研。为了更深入了解外部社会资本嵌入以不同模式嵌入传统农村对农民收入产生的影响，本书选取了样本区域 31 家内生成长或外来嵌入的农业新经营主体为调研对象，探讨不同嵌入模式的区域社会资本对农民收入增长的影响。

4.2.1.3　调查问卷设计

（1）调查问卷的基本内容。依据可持续生计理论及其分析框架，此调研围绕农户社会资本及其他生计资本拥有情况、收入状况、村庄特征、个人特征、砂糖橘种植规模及收入情况等相关内容展开。根据项目研究目的和主题，调研问题设置尽可能考虑为研究提供真实可靠的数据支撑。根据研究假设，本书将问卷内容设置为八大部分：村庄特征、个人特征、社会资本、自然资本、金融资本、物质资本、人力资本和收入状况。

同时，作者对 31 家砂糖橘种植家庭农场进行深入走访，展开质性调研，以深入了解砂糖橘种植的详细过程，包括前期投入、品种及苗木来源、成本投入、管理方法等，并在 3 家家庭农场进行为期 2 个月的驻村驻点调研，与农场主一起深入果园，了解砂糖橘生长和种植的详细过程。

（2）问卷设计环节。在调研开展之前，作者参考了大量学者的研究成果，并且对 10 名农户进行了访谈作为问卷设计的需求挖掘，并以此为基础制定调查问卷。本书的问卷经历了如下流程。

一是通过文献检索系统查阅关于社会资本、生计资本、农民收入、农业经营绩效等方面的研究文献，通过 Sciencedirect、Springer Link、中国知网等数据库检索查阅国内外相关方面的研究文献，并对其进行归纳和整理，形成问卷调研的初步思路。

二是选取广西东部贺州独石村、平田村共 20 户农户作为预调研对象，调研对象为农户家庭的户主或者家庭经营的主要决策者。根据调研提纲，主要了解农户物质、金融、人力、社会及自然等几大生计资本的情况。一方面，根据砂糖橘的种植特征调整农业生产经营相关问题选项以契合产业种植实际，检验问卷设计的思路、方法，针对预设条件向预调研农户征询意见；另一方面，检验问卷问题的提问方式是否迎合农民需求，进而核实问题设置的合理性和科学性。

三是就研究目的和调查问卷向专家学者征询意见，根据意见修改问卷。

通过电子邮件的形式，向四川农业大学、华中师范大学以及玉林师范学院的三位专家教授请教，有幸得到三位专家教授对于问卷修改的意见并根据其意见进行修改，最终形成了现有的调研问卷。

4.2.1.4　问卷发放和回收的情况

为获取真实数据并了解农民经营的实际情况，本书问卷调研全部采取入户调研的形式进行，由调查者询问并记录，农民回答；或由农民现场自行填写并由调查者询问补充。本次调研共发放问卷 400 份，回收样本 400 份，其中无效样本 3 份，有效样本为 397 份，样本回收率为 100%，样本有效率为 99.25%。

4.2.2　产业扩散的社会资本整体特征

通过对 31 家新型农业经营主体以及 397 家砂糖橘种植农户的深入调研，发现砂糖橘农户的收入增长与社会资本的联系呈现以下几个特征。

4.2.2.1　种植行为呈现区域与整村推进的地缘扩散效应

一个村庄若有一家或者几家较为成功的砂糖橘种植的农户，会带动整个村庄开展规模种植，产生以地缘为联系的种植扩散效应。由于砂糖橘规模种植可以在耕地、丘陵及坡地、山地和林地等多种类型的土地进行，因此该品种在广西推广相对容易。在调研中，对于"你村砂糖橘种植是整村种植还是零星种植？"问题的调研结果如表 4-3 所示。

表 4-3　　　　　村庄种植砂糖橘情况

种植情况	频次（次）	占比（%）
整村种植	70	17.70
较多种植	129	32.51
零星种植	198	49.79

调查结果发现，整村种植及较多种植占比之和超过 50%。占半数以上的村庄受个别种植户的影响，从个别种植行为发展为整村种植或者较多农户一起种植。柑橘种植行为的地缘扩散较为明显。

4.2.2.2 农户的收入增长呈现家庭网络与亲友间的亲缘扩散效应

某个村庄开展规模种植，会引发邻居或邻近村庄农民纷纷模仿，从一户发展为一村规模，从一村规模发展成多村规模。在调研过程中，问题"有几家位于其他村庄的亲属或朋友是因为您种植而开展砂糖橘种植？"的调研结果如表 4-4 所示。调研结果显示，在砂糖橘的种植过程中，有 87% 的家庭对位于其他村庄的亲属或朋友产生影响，并引起亲戚和朋友新增种植，其原因可能是，亲属或朋友看到该家庭进行种植挣钱后，纷纷效仿；或在缺乏其他有效生计的前提下，有亲属或朋友作为模范，或提供苗木、水肥管理及病虫害防治技术等，开展同等类型的作物种植较为容易，从而采取跟随策略。调查结果如表 4-4 所示。

表 4-4　　　　　　　　　农户种植砂糖橘对其他人的影响

户数	出现频次（次）	占比（%）
0 家	50	12.65
1~2 家	193	48.57
3~4 家	73	18.37
5~6 家	29	7.34
6 家以上	52	13.06

一家砂糖橘规模种植户挣了钱，至少带动多家位于其他区域或者村庄的亲属或朋友开展规模种植，亲属及朋友间免费提供优质苗木、相互帮工、借用生产用具、交流技术经验、相互告知水肥管理方法、何时施加农药等，尽管没有种植经验和技术，农户进行跟随和模仿种植也能挣到钱。

在调研中，有一个问题涉及农户种植的亲缘扩散效应，即"您是受到谁的影响开始种植的（可以多选）？ A. 亲属；B. 朋友；C. 同村人；D. 邻村人；E 政府及农业部门。""您在种植砂糖橘的过程中是否获得以下帮助（别人帮你）？您是否为您同样种植砂糖橘的其他亲属提供以下帮助（你帮别人）（可以多选）？ A. 技术指导；B. 苗木提供；C. 水肥管理；D. 枝叶修剪；E. 病虫害防治；F. 免费帮工"。

根据调研结果，农户种植砂糖橘的影响来源如表4-5、表4-6、表4-7所示。结果表明，影响按大小排列分别为同村人、亲属、朋友、邻村人、政府及农业部门。这表明，由地缘、亲缘和友缘为主要特征的社会网络在农民的生产决策中起着至关重要的作用。其中，地理相邻的地缘关系比亲友缘关系对农户的生产决策影响更大。

表4-5 农户种植砂糖橘的亲缘扩散效应 单位：%

类别	亲属	朋友	同村人	邻村人	政府及农业部门
影响大小	32.92	23.46	52.67	7.41	5.35

表4-6 获得别人帮助占比 单位：%

类别	亲属	朋友	同村人	邻村人	政府及农业部门
技术指导	33.74	23.87	35.80	7.00	4.53
苗木提供	6.17	21.40	12.76	9.05	3.70
水肥管理	9.88	11.11	34.98	15.64	6.39
枝叶修剪	11.52	8.64	29.22	13.99	20.6
病虫害防治	9.05	11.11	29.22	13.58	6.17
免费帮工	18.11	4.53	5.35	0.41	

表4-7 帮助别人占比 单位：%

类别	亲属	朋友	同村人	邻村人
技术指导	18.52	9.47	20.16	6.17
苗木提供	4.12	3.70	2.06	2.47

续表

类别	亲属	朋友	同村人	邻村人
水肥管理	8.64	4.53	5.76	9.47
枝叶修建	13.99	4.94	13.99	5.35
病虫害防治	10.70	5.76	8.64	6.58
免费帮工	26.34	9.88	10.29	4.53

4.2.2.3　经营大户多为社会关系较广的年轻返乡农民

乡村林果产业的发展吸引了大批青年打工者返乡种植并结成团体。村域间形成规模种植小组，组团在村内或者村外承包土地开展规模种植，组员间通过微信群、QQ 群及不定时聚会讨论种植经验，交流和解决技术难题，还包括其他互助活动。由于返乡青年具有较强的社会关系网络，他们资金来源渠道较广，资金相对充裕；会使用现代通信工具，信息更为灵通；有距离较远的网络关系，果品销售区域更为广泛；更易形成团体，获得经验和技术交流；有交通工具，规模种植行为多在外村进行。因此与外界联系较多的返乡青年打工者往往在土地租赁、资金获取和产品销售上具有优势。在调研结果中，有超过半数的农户具有外出务工的经历，农户的外出务工经历拓宽了他们的见识和眼界，在家乡谋求生计的过程中更易于与外乡经历联系并寻求外界亲友的帮助。

4.2.2.4　农户租地经营效益与所在村庄的经济社会特征有较大关系

若在姓氏混杂、土地纠纷较多的村庄经营，或单独在其中一个地方租地经营，在缺乏实时管理的情况下，往往会面临"树被砍""果被摘"的现象，因此远距离租地的农户往往需要聘请当地农户或原土地承包者共同管理，或出钱为当地村庄修路、参与建渠、建桥、建宗祠等募捐活动，以维护和当地村民的关系，以降低经营成果被破坏的风险。同时，外部新经营主体的乡村入驻是农民生产经营面临的重要经济和社会环境，外部经营主体的乡村入驻为乡村农民的农业经营带来了新的资源，如便利的农资及农机供给、农业生产的社会化服务、便捷的农产品销售渠道以及农业基础设施等方面的改善，为农民的农业生产营造良好的环境。但与此同时，也可能与农民在资源和市场上产生争夺，对农民收入造成挤压。因此，外部社会资本的乡村入驻，对农民而言是一把"双刃剑"，机遇与挑战并存。

4.2.2.5 社会资本聚集与收入提升呈现一定程度的"螺旋互动"现象

社会资本越丰裕的农户，他们在资金获得、知识获取以及劳动力雇佣方面有着更大的优势，从而获得更大的生产收益，收益转化为生产投资又增强了农户的资源及资本禀赋，形成资本与收入的良性循环。反之，那些社会资本匮乏的农户，难以借到钱、获得贷款、获得学习机会，假若这类农户缺乏生产经营的主动性，不积极向先进农户学习或与他们缺乏联系，他们就会停留在落后的现状，经济地位落差越来越大。

4.2.3 区域社会资本不同嵌入模式下农民生计资本及收入特征

4.2.3.1 区域社会资本嵌入模式

本书在对 397 家农户进行调研的同时，还走访了调研区域内的 31 家相关产业外来经营主体，探讨其在经营的过程中与农民产生的关联，以探测分析农民经营所处的区域社会资本嵌入环境。近年来，对于一般的小农户而言，广西砂糖橘产业整体环境变化包括农业销售公司、农业生产合作社、个体老板等新经营主体乡村入驻以及本地的经营大户纷纷成长。对于传统的小农户而言，这一环境的变化给自身带来了机遇与调整并存的格局。一方面，小农户可以搭乘大农户建立起来的市场空间与市场紧密对接，规模经营农户为小农户的经营提供了榜样和示范力量，引发小农户的模仿和跟随经营，从而改变原有传统的耕种结构和耕作方式。另一方面，规模农户对于小农户经营而言形成了市场挤压，小农户收入增长空间受限，小农户只有逐步成长为适度规模经营农户才有可能在夹缝中求生存。因此，外来经营主体的乡村入驻与本土农户的规模成长引致的周边环境变化为小农户的经营注入了新的社会资本和产业衔接力量，对传统小农户的成长和收入提升具有举足轻重的作用。从农民的种植规模扩展的原因来看，广西砂糖橘产业农户区域社会资本嵌入主要包括以下三种模式和状态。

（1）社会资本的无（低）嵌入模式。社会资本的无（低）嵌入状态是指乡村产业经营仍然保持传统经营的状态，既无内生成长起来的农业经营大户给农民提供经营榜样，也无外来的经营主体入驻乡村大幅度地改变乡村经济。乡村青年劳动力主要以输出状态为主，留乡农民在自家原有的土地上保持耕种状态。这类乡村在经济发展上没有较大的突破，农民收入也在缓慢增长中。在调研村庄中，区域社会资本的无（低）嵌入农户样本为 163 户，在总体样本中占比为 41%。

（2）外源松散型嵌入模式。农地"三权分置"为新经营主体的乡村入驻打开了土地制度的藩篱，乡村振兴以及城乡融合发展战略的实施加速了这一过程。外来经营主体的乡村入驻为传统农村及农业经济发展带来新机遇。对于传统农户而言，新经营主体进驻乡村开展涉农经营，为农民的经营提供了示范和榜样力量。社会资本的外源松散型嵌入是指来自村庄外部的新经营主体对传统乡村及传统农户的嵌入。一般而言，外来新经营主体通过租赁农民的土地，与少部分农民发生相对长期的劳动雇佣关系，在农忙时，也可能大规模地临时雇佣农业劳动力为其提供劳动力。但在种植技术、农资供给以及销售渠道上较少与当地农户进行交流。小农户的跟随型种植不容易获得核心技术并复制其经营模式。对于农户而言，外源松散型嵌入可能更有利于农户种植结构的调整，农民无法掌握与外源嵌入主体同类的核心技术，但鉴于外源嵌入主体经营的模范作用，同村农户往往也对自己的种植行为进行思考，为当地农民开展农业经营打开了思路。另外，在既无内生成长的经营大户引导，也无外来新经营主体入驻的某些乡镇，当地政府为了鼓励人们开展某种作物种植，通过制定种植奖励和补贴政策或提供技术指导等方式，引导农民进行某种适度规模种植的行为。由于政府是非盈利单位，相关政策也只能起着一定的引导作用，将政府引导型的嵌入也归为外源型的社会资本嵌入范围。在调研的村庄中，区域社会资本的外源松散型嵌入农户样本为 169 户，占总体样本量的 42%。

（3）内生紧密型嵌入模式。对于传统农户而言，社会资本的内生紧密型嵌入是指由本村某一家农户先行实施适度规模经营，其获得显著的经营绩效后其他小农户纷纷模仿经营的现象。内生紧密型社会资本嵌入村庄的经营主体主要由务工返乡青壮年组成。由于先行成长的农户与模仿农户是同村的邻里关系，信任度、熟悉度、交往频率以及亲密程度较强，在农户跟随种植过程中的苗木供给、技术交流、农资使用便利以及营销渠道共享方面均有着便利和现成的渠道，不必自己花费时间和精力去寻找和开发。尤其是在种植过程中遇到技术难题或病虫害防治问题时，可以通过与同村种植的农民之间相互交流和学习解决。在内生紧密型嵌入的社会资本影响下，毫无经验的小农户也较易获得经营绩效。村庄层面社会资本对于农户多元化经营对降低农业风险与扩展农民收入来源有重要影响。一般而言，内生紧密型社会资本嵌入较易引起同村农民的模仿，在内生紧密型嵌入的基础上，农民之间的交流容易引起知识和技能扩散，引发农民在农业生产上的同质性行为，种植行为趋同引发产业趋同化。在调研样本中，涉及区域社会资本内生紧密型嵌入农户样本为 64 户，与总体样本的占比为 16%，如图 4-1 所示。

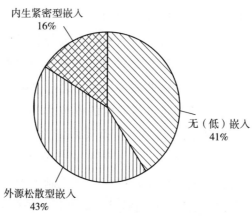

内生紧密型嵌入
16%

无（低）嵌入
41%

外源松散型嵌入
43%

图 4-1　区域社会资本不同嵌入模式构成

注：本图数据根据问卷调研情况整理得出。

综上考虑，将社会资本嵌入模式定义为无（低）嵌入状态、内生紧密型嵌入以及外源松散型嵌入三种模式，将无（低）嵌入状态作为参照状态，考察社会资本的内生紧密型嵌入和外源松散型嵌入模式对农民收入增长的影响关系。

4.2.3.2 区域社会资本不同嵌入模式下农民个体资本及收入差异

村庄社会资本的外源嵌入与内生成长为农民的生产和生活带来了社会环境的改变，同时也对农民个体所拥有和使用的社会、自然、金融、物质、人力等生计资本进行配置和调整，改变农民生产和生活的基本要素，从而影响农民的收入和福利状况。

（1）不同嵌入模式下农民社会资本及收入差异。不管是外源嵌入还是内生形成的区域社会资本嵌入乡村，其结构型社会资本和关系型社会资本均值均高于社会资本无（低）嵌入的乡村，表明区域社会资本嵌入有助于增加农户的个体社会资本，延伸了其社会触角，增加了农民之间相互交往的程度。有区域社会资本嵌入的村庄农民在收入均值上要高于无（低）嵌入乡村农民，其中，内生紧密型嵌入区域农民的收入平均值最高。村庄内部成长起来的农业专业大户、家庭农场对小农户的拉动作用是显而易见的，具体如图4-2所示（本部分图表展示为标准化后的数据）。

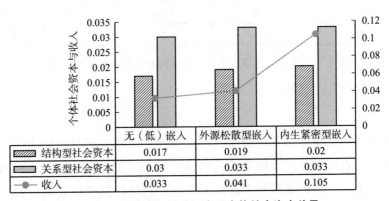

	无（低）嵌入	外源松散型嵌入	内生紧密型嵌入
结构型社会资本	0.017	0.019	0.02
关系型社会资本	0.03	0.033	0.033
收入	0.033	0.041	0.105

图4-2 不同嵌入模式下农民个体社会资本差异

注：本图数据根据问卷调研情况整理得出。

从农民个体的社会资本构成来看，在外源嵌入型所在村庄农民的社会资本构成中，职业种类评分高于无（低）嵌入或者内生紧密型嵌入的村庄，表明外来资本的入驻改变了乡村的人员结构，拓宽了农民与不同职业群体之间的社会联系；社会资本外源松散型嵌入与内生紧密型嵌入所在的村庄农民结识社会网络关系的职业层次（网络顶端资源）均高于社会资本无（低）嵌入村庄的农民。这充分表明，与农民家庭所联系的社会网络关系异质性越强、农民所接触社会网络的顶端资源越高，农民收入越高，具体如图4－3所示。

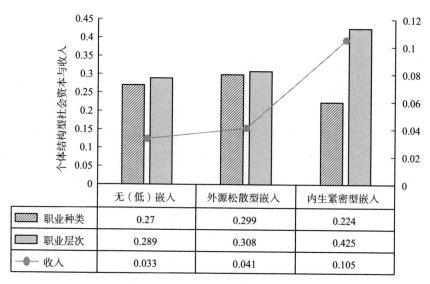

	无（低）嵌入	外源松散型嵌入	内生紧密型嵌入
职业种类	0.27	0.299	0.224
职业层次	0.289	0.308	0.425
收入	0.033	0.041	0.105

图4－3 不同嵌入模式下的农民结构型社会资本与收入差异

注：本图数据根据问卷调研情况整理得出。

农民个体所拥有的关系型社会资本也随社会资本的村庄嵌入类型不同而改变，从农民与其社会网络成员的认识时间、交往频率、亲密程度、熟悉程度来看，社会资本外源和内生型嵌入的村庄均高于无（低）嵌入的村庄，信任程度差别则不明显。这充分表明，社会资本嵌入对农民个体社会网络的成员联系以及农民与社会网络成员的关系均产生资源的配置作用。

同时也表明农民与社会关系网络成员联系紧密有助于其收入提升，具体如图4-4所示。

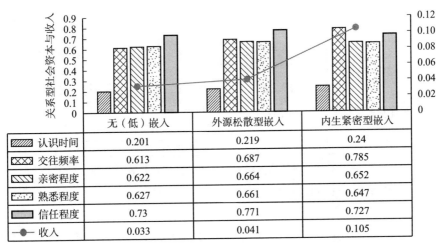

	无（低）嵌入	外源松散型嵌入	内生紧密型嵌入
认识时间	0.201	0.219	0.24
交往频率	0.613	0.687	0.785
亲密程度	0.622	0.664	0.652
熟悉程度	0.627	0.661	0.647
信任程度	0.73	0.771	0.727
收入	0.033	0.041	0.105

图4-4　不同嵌入模式下农民关系型社会资本与收入差异

注：本图数据根据问卷调研情况整理得出。

（2）不同嵌入模式下农民自然资本及收入差异。以土地为代表的农民自然资本也与社会资本的不同嵌入模式相关联且呈现不同特征。社会资本内生紧密型嵌入的村庄农民在土地耕种面积上明显高于其他模式的村庄农民，表明村庄内生成长榜样和示范作用更为明显，带动村庄其他农户开展适度规模经营。土地集约度以地块数的倒数表示，社会资本的外源嵌入更容易在村庄开展土地集中度较高的整块或者连片经营，对于村庄农民而言，外来资本的乡村入驻可能给农民带来了经营思路的调整，农民也开始纷纷探索土地整片开发和连片经营。经营土地面积的增加与土地集约度的提升对农民收入均有提升作用，其中土地面积的增加对收入提升的影响明显，具体如图4-5所示。

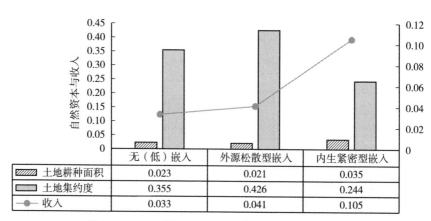

图 4 - 5 不同嵌入模式下农民自然资本及收入差异

注：本图数据根据问卷调研情况整理得出。

（3）不同嵌入模式下农民金融资本及收入差异。对于农民的金融资本而言，社会资本内生紧密型嵌入的农民家庭总收入明显高于社会资本其他嵌入类型的村庄。家庭总收入越多，农民投资于下一种植季度的金融资本可能就越多。社会资本紧密型嵌入村庄的农民进行农业贷款以及亲友借款也明显高于其他嵌入类型的农民；政府提供免息或者低息贷款政策主要偏向于社会资本无（低）嵌入的传统村庄，这与当前国家的扶贫攻坚战略有较大关联，但社会资本的外源松散型嵌入和内生紧密型嵌入相比，内生紧密型嵌入村庄的农民获得政府免息或者低息贷款的程度较高，显然政府的农业金融支持政策也在一定程度上向村庄整体信任度高以及内生经营主体成长较好的区域倾斜。在生产经营平均收入最高的内生紧密嵌入型村庄，农民在家庭总收入、农业贷款、亲友借款方面均高于其他类型的村庄农户，表明金融资本可能与收入存在正相关关系，政府贴息贷款在社会资本无（低）嵌入的传统村庄较高，这与当前国家扶贫攻坚战略有关，传统村庄的贫困户越多，政府贴息贷款的扶持也越向这一区域倾斜，具体如图 4 - 6 所示。

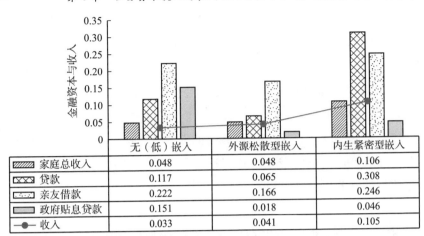

	无（低）嵌入	外源松散型嵌入	内生紧密型嵌入
家庭总收入	0.048	0.048	0.106
贷款	0.117	0.065	0.308
亲友借款	0.222	0.166	0.246
政府贴息贷款	0.151	0.018	0.046
收入	0.033	0.041	0.105

图4-6 不同嵌入模式下农民金融资本及收入差异

注：本图数据根据问卷调研情况整理得出。

（4）不同嵌入模式下农民物质资本及收入差异。物质资本是农民生产的重要基础。社会资本外源与内生嵌入村庄的农民在农业生产工具的拥有和使用方面显著高于无（低）嵌入的村庄农民，其收入也高于社会资本无（低）嵌入村庄农民，具体如图4-7所示。社会资本嵌入为农民开展和使用生产的社会化服务提供了来源和市场，农机及农具的充分和合理调配使用有利于提高土地及劳动生产率、提升资源的利用效率，生产社会化服务的开展以及以机器替代劳动耕作是现代农业发展的重要特征，农民拥有生产工具的多少对其收入有着重要的影响。

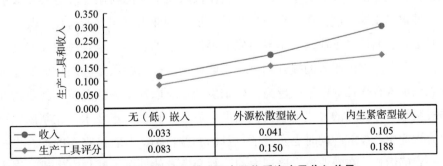

	无（低）嵌入	外源松散型嵌入	内生紧密型嵌入
收入	0.033	0.041	0.105
生产工具评分	0.083	0.150	0.188

图4-7 不同嵌入模式下农民物质资本及收入差异

注：本图数据根据问卷调研情况整理得出。

（5）不同嵌入模式下农民人力资本及收入差异。就人力资本特征及收入而言，社会资本外源松散型与内生紧密型嵌入村庄的农户农业劳动力均值要低于无（低）嵌入村庄农户，但收入却明显高于无（低）嵌入的村庄农户，表明社会资本嵌入所形成的生产社会化对农业劳动力的依赖性有所降低，剩余农业劳动力可能采取兼业或者非农就业的形式来增加家庭收入，具体如表4-8所示。家庭非农业就业人数越多的家庭，其收入可能越多，这可能是由于家庭非农就业人员所带来的外部社会资本助力于家庭的农业生产经营，提升了家庭的农业生产经营绩效。

表4-8   社会资本不同嵌入模式下农民人力资本及其他特征

社会资本嵌入模式	年龄	返乡创业	合作社成员	技术培训	收入
无（低）嵌入	46.626	0.558	0.160	0.294	0.033
外源松散型嵌入	45.680	0.438	0.296	0.615	0.042
内生紧密型嵌入	43.219	0.703	0.156	0.641	0.105

注：本表数据根据问卷调研情况整理得出。

具有社会资本嵌入特征的村庄，产业经营户主的年龄均值均小于社会资本无（低）嵌入的村庄，社会资本引发乡村产业振兴需要也更促进青年一代农村劳动力的返乡创业经营，青壮年群体越多，村庄活力就越强，其收入均值也越高，从返乡创业情况来看，社会资本内生紧密型嵌入型村庄的返乡创业经营者就越多，社会资本的内生紧密型嵌入所形成的村庄环境更容易吸引更多的农民工返乡创业在家乡谋取生计。返乡创业人群越多的村庄，其收入也越高，表明返乡创业人员是乡村农业经济发展的新生力量，对农业经营氛围的改善以及农民收入的提升均有着影响作用。外源松散型嵌入村庄所在地的农民加入合作社的概率就越高，外来生产合作以及服务性组织入驻乡村并通过吸纳合作成员的方式给农民供给所需农资、提供生产技术，在帮助农民提升农业生产技能的同时也实现了自身的利益目标，对农民收入的提升也存在一定的影响。在农业技术培训方面，社会资本的外源入驻与内生成长嵌入均能提升农民参与农业技术培训的机会和比率，从而提升农民收入。社会资本嵌入对于农民经营技术和技能的提升均有着不可忽视的作用。

4.2.4 区域社会资本不同嵌入模式下农民收入来源和差距

4.2.4.1 收入来源

从收入来源来看，纯农业经营、以农为主的兼业经营以及以非农为主的兼业农业经营是农户依据自身生计资本而调整的生计决策，村庄经济及社会环境的改变也为农民生计转变提供了机会。在社会资本无（低）嵌入的乡村，农民主要依靠纯农业经营或者以非农为主的兼业谋求生计，收入来源主要依靠农业经营收入或者务工收入；在社会资本外源松散型嵌入的乡村，农户就业机会增加，农户除自身的农业生产经营收入外，以农为主的兼业比例也有较大幅度的提升；在社会资本的内生紧密型嵌入村庄，农户大多专注于农业经营状态，整村营造的产业氛围让农民回归乡村和土地，依托家乡资源创业经营。同时，农户以农为主的兼业情况较之于社会资本的无（低）嵌入状态而言有所增加，社会资本的内生紧密型嵌入也为农民创造了就业和务工的机会，农民在兼顾农业家庭生产的同时，也可以在身边获取劳务收入，以非农为主的兼业情况最少，具体如表4-9所示。

表4-9 社会资本不同嵌入模式下农民兼业情况

社会资本嵌入模式	样本量	纯农户		以农为主的兼业农户		非农为主的兼业农户	
	个	户数	占比	户数	占比	户数	占比
无（低）嵌入	163	72	44.17	14	8.59	77	47.24
外源松散型嵌入	169	59	34.91	49	28.99	58	34.32
内生紧密型嵌入	65	51	78.46	11	16.92	2	3.08

注：本表数据根据问卷调研情况整理得出。

4.2.4.2 收入差距

社会资本嵌入不仅对农民生计资本起着作用，更对农民收入有着深刻影响。从农业生产经营性收入来看，社会资本外源松散型嵌入以及内生紧密型嵌入的村庄农民的人均收入均高于无（低）嵌入的村庄农民，具体如表4-10所示，其中社会资本内生紧密型嵌入村庄农民的年均农业生产经营性收入均值显著较高。但社会资本的外源松散型嵌入与无（低）嵌入村庄的农民相比没有显著提升，社会资本的外源松散型嵌入更多的是为农民提供相对长期或者短期临时的就业岗位，农民有更多的机会在外来资本入驻的产业中进行务工进而获取收入。因此，外来资本的乡村入驻可能更多地改变农民的收入来源。

表4-10　　　　　　　社会资本不同嵌入模式下农民年收入差距　　　　单位：万元

社会资本嵌入模式	样本量	最低值		最高值		平均值	
	个	生产经营性收入	总收入	生产经营性收入	总收入	生产经营性收入	总收入
无（低）嵌入	163	0.045	0.26	160	160	5.28	7.96
外源松散型嵌入	169	0	0.3	160	105	6.61	7.92
内生紧密型嵌入	65	1	1	90	90	16.85	17.17

注：本表数据根据问卷调研情况整理得出。

第 5 章

社会资本嵌入对农民收入增长的影响：机理分析

当前，多数学者从宏观、中观与微观三个角度对社会资本进行划分。宏观层次的社会资本关注的是宏观的外在社会政治、经济、法律等正式制度以及文化等非正式制度对社会网络联系及结构的影响。诺斯（North）与奥尔森（Olson）对于制度与经济增长率及增长方式有着重要贡献；中观层次的社会资本关注一个地区总体的社会关系特征以及一系列具有相似的社会结构特征的实体，这一实体可以促使结构内部成员采取某种行动（Coleman，1990）；微观层面的社会资本通常以个体为研究对象，如家庭和个人，研究其在社会关系网络结构中的资源调动潜力和能力，以及这一过程对个人经营绩效的影响。微观层面的社会资本更为具体化，它剖析的是具体的人与人之间的关系，测度个人社会网络结构及社会网络关系，以此判断嵌入自我的广度及深度。

本书认为，宏观层面的社会资本一般被解释为制度而不是非正式制度的范畴。嵌入于社会关系网络的社会资本更多地表现为一种非正式制度与非市场机制，不应将宏观社会资本包括在内。实际上，区域社会资本更多的是反映乡村场域内社会群体的关系特征。鉴于此，本书将所研究的社会资本划分为个体层面的农户家庭社会资本与群体层面的乡村区域社会资本。个体层面的农户家庭社会资本是指嵌入于农户家庭的社会关系网络中的可用资源；群体层面的社会资本定义为农业新经营主体乡村嵌入与农民群体产生的社会关联。个体层面的农户家庭社会资本通过自我嵌入与他人嵌入对农民收入增长起着"资源黏合"和"收入催化"的资源网络效应；而群体层面的新经营主体乡村嵌入则对小农户与大市场以及现代农业的有机衔接起着"桥梁型"的资源融合效应。

5.1 个体层面的机理：农户社会资本自我嵌入下的资源配置效应

社会资本对生计资本产生资源配置作用，改变农民的生产要素配比状况形成内部规模经济。边际报酬递减规律指出，生产要素投入存在一个资源的最佳配比，在达到这一最佳配比之前（短期内可变要素相对不足而不变要素相对过剩），增加可变要素供给可以形成规模报酬递增，即规模经济的状况；但超过这一最佳配比之后（短期内可变要素相对过剩而不变要素相对不足时），增加可变要素的投入可能产生边际报酬递减的情况，即规模不经济阶段。因此，要素资源配比变化是内部规模经济形成的根本原因之一。农户社会资本对农民生计资本的拥有状况进行调整，影响农户资源配比状况，进而影响农业生产的规模报酬。这一机理的探讨有助于帮助我们探寻社会资本作用于农民收入的渠道和作用过程。

5.1.1 社会资本引发农地集聚经营并提升土地资源利用效率

长期以来，土地均分造成了中国农地细碎化经营状况，农业机械化作业难以开展，给农民带来极大的不便，也增加了农地作业转换的时间，增加了农业经营的管理成本。为了尽可能避免这一状况，农民通过开展土地置换、土地租赁、土地托管等方式开展适度规模经营。首先，农地置换在村域范围的小规模农户间进行，尤其在同村亲属间进行。相邻地块、临近家庭的零碎地块能够被置换的已基本完成。这一置换过程是同村农民以自愿、便利的方式进行，农地置换是土地的非市场化交易，在这一过程中，不对土地进行估价，也基本没有准确的丈量，也可能不是等面积交易，可能也未签订正式合同，只要农民双方同意便可进行。同村农户间相互信任、互惠合作的关系促成了这一过程，为农民开展便利经营及适度规模经营提供了可能。

其次，社会资本促使农户在更广泛的区域内进行土地租赁，开展适度规模经营。熟人遍布、消息广泛的农户较易获得闲置土地等信息，"熟人带路"也使得土地租赁的价格谈判相对顺利开展。在租赁土地经营的过程中，农户往往也注重与当地村民关系的维护，通过出资修建道路、参与修建宗祠筹资等方式与当地村民建立良好关系以获得较好的口碑，使得经营过程顺利开展以及经营成果得到良好保护。

最后，在农民外出务工的过程中，农户往往将自己的土地在亲属和朋友间托管，这一托管可能是"免租"或使用"人情租金"。土地互换、土地租赁以及土地托管在一定程度上避免了农地抛荒的现象，也提高了土地利用效率。

基于以上分析，提出假说：

假说 H1a：社会资本通过形成农地规模及集中性经营进而对农民收入产生正向影响，即以农地为代表的农户自然资本充当社会资本影响农民收入增长的中介。

假说 H1b：社会资本正向调节土地资源的收入效应。

5.1.2 社会资本提高农民的融资能力并提升金融资本效率

在大多数发展中国家和地区，一方面，由于贫困家庭缺乏担保物品和信用信息，导致这一群体容易被排除在正式信贷市场之外，从而加剧了贫困传递；另一方面，由于发展中国家农村正式制度、农地产权制度尚未健全，使用土地作为财产进行农业抵押贷款获取农业资金尚在探索阶段，农民正在面临融资难与融资贵等问题。社会资本能够促成正式和非正式市场上的信贷关系，从而促进农民融资并增加其创业机会，达到消除贫困的代际传递以及为收入增长提供持续动力。

在正式信贷市场，社会网络关系及其有关的价值观念所形成的社会资本能够降低不确定性所带来的成本，高度信任也增强了农民信息的自我披露程度，使得农民群体较易获得正规渠道的信贷来源（Van，2000；Molyneux，2008），从而帮助农民利用新的资本投入生产获得生产绩效，摆脱收入低下的困境。在征信制度健全的情况下，借款人以其信誉作为担保及抵押品，作为传统物质抵押品的替代品获得信贷资金。

在非正式信贷市场，社会资本在农户生产或生活资金的筹集方面起到了重要作用。在生产力相对落后的农业生产时期，农民通过筹办"谷会"获取筹资，即当农民需要办自己财力无法达成的"大事"时，可以通过在特定的时期（约定的日子）向乡邻及亲友发出参会邀请，亲友根据自己的能力向"谷会"举办者无偿"捐赠"粮食，待自己需要办"大事"时，也可以举办类似的"谷会"，此前捐出的粮食一般都会如数或超额返还。一般来说，社会关系网络越广的农户，筹集的谷物就越多。这一非正式资金筹集渠道帮助农民度过了一个个难关。在现代农业生产时期，农民不再筹办"谷会"，但亦通过"办酒席"等方式筹集资金，这一现象被成为"轮会"（Rotating Saving and Credit Association）（周晔馨，2012），这一非正式融资现象在一些传统乡村甚为明显。

更为重要的是，社会资本作为一种隐形的担保机制，社会关系网络中的信任能够促使农民进行更为广泛的私人融资。社会关系网络对于缓解信息不对称问题有着重要作用，也可促进正式信贷渠道向非正式信贷渠道转变，如亲属网络间某一成员获得信用贷款后，通过亲属网络将这一信贷资金转移给资金紧缺但又无法获取信用贷款的亲属，从而将正式融资转变为非正式融资，缓解农民的资金压力并为其生产投资提供资金。在正式信贷机制越不完善的地区，民间融资对农民创业或生产筹资的作用就越大，依托社会关系网络的非正式金融在很大的程度上弥补了正式融资渠道的缺陷。

基于以上分析，提出假说：

假说 H2a：社会资本通过增加农户的金融资本进而对农民收入产生正向影响。

假说 H2b：社会资本正向调节金融资本的收入效应。

5.1.3 社会资本促成生产社会化服务并提升物质资本效率

高密度的社会资本对物质资本具有吸引作用（路慧玲，2014），物质资本的增加反过来作用于区域经济增长，进而促使区域劳动者收入的提升。就农民而言，高度异质的社会网络结构与信息的有效流通能够促使农民快速便捷地寻找良种、农资或农机供应商、获取充足且价格合理的劳动力雇佣资源，便于开展和使用农业生产的社会化服务，促进农业机械等物质生产资料的合理充分利用和有效整合，提高农业物质资本的利用效率。

社会资本促成生产互助与农业合作。农业生产互助始于 20 世纪 50 年代初期，农民通过临时互助与常年互助两种方式解决农业生产中各自的劳动力、畜力、农具不足的困难，农忙时节相邻或关系较好的几户农民自行组织起来，开展农业的换工与劳动互助，农忙完成之后该组织自行解散。在中国农业生产用具及劳动力匮乏的传统农村，生产互助形式仍然存在。随着生产力的发展，在农业生产向现代农业转型的过程中，几家农户长期在农事活动上进行合作或者合资经营的现象更为普遍，这一合作与合资经营往往发生在亲密及信任程度较高的亲属与伙伴之间。通过入股、合营的方式来解决合作伙伴彼此在农业生产资本方面的欠缺，形成经营的合力以对抗难以预测的农业风险。在信任普遍、强关系联结的亲友之间，互助与合作经营更容易出现。

社会资本对于生产社会化的实现更具优势。农业生产社会化建立在专业分工与协作联系的基础上，使"小而全"的家庭经营发展为较大规模的专业化家庭经营，并进一步促进生产的集中与联合。生产的集聚使得在农业生产各环节（如种子、技术、农机、农产品销售与运输等）开展专业化服务更为容易和便利（司俊，1997），建立社会化服务体系已成为普遍现象。生产的社会化服务弥补了单一农户生产在物质等资本方面的欠缺，将物质资本在更大的社会范围内进行专业化与分工化配置，从根本上改变生产方式和提高生产效率。具有较广的社会关系网络与较强社会联结的农户更易于获得社会化服务供给资源的信息，为自己的生产经营提供及时服务，或使用自身生产物资为其他农户提供服务，将农业生产置身于社会化生产中，生产物质资本的合理充分利用提高了要素资源的使用效率，从而对农业经济和农民收入产生影响。

基于以上分析，提出假说：

假说 H3a：社会资本作用于物质资本进而对农民收入产生正向的间接影响。

假说 H3b：社会资本提升物质资本的收入效应。

5.1.4 社会资本促进农业劳动力转移并改变人力资本效率

大量来自发展中国家及地区的研究表明，社会资本促进了农村剩余劳动力流动，特别是在农民进行非农就业的过程中，社会资本起着关键作用。就社会资本对农业劳动力数量的影响而言，传统乡村劳动力向城市迁移为打破传统的乡村经济提供了重要的动力。在农业经济欠发达时期，一个家庭的外出务工劳动力是这个家庭的重要收入来源，为农业提供生产资金或为农民提供生活资金。社会资本在农村劳动力非农转移的过程中起到了信息传递和就业引导的作用，农民外出务工往往呈现同村聚集或者亲属聚集的现象。赵（Zhao，2010）的研究发现，早期外出打工的农民工在城市形成的社会网络为后续打工者提供各种就业信息，帮助后续打工者向城市迁移就业并获取高薪工作。对于农民收入来说，农民非农就业的转移改变了家庭的收入结构和拓宽了农民收入的来源。陈（Chen，2008）研究发现，村级层面外出打工比率的增加可以提高个体村民外出打工的比率，家庭与其他村民之间互动联系的强度影响村庄外出打工比率。农民外出打工所形成的新网络对于农民人力资本的提升起到重要作用，带动网络成员摆脱低水平收入困境。就社会资本对劳动力的质量形成来看，社会资本对人力资本的配置体现在较高的社会资本，有利于农民获得更多的教育、培训和交流的机会，展开知识共享。社会网络中的成功经营者为其他成员提供了示范和榜样的力量，尤其是在强关系联结中这一成功经营经验更容易引起网络成员的相互学习和模仿，使他们更有意向开展经营活动，从而增加经营收入（苏小松、何广文，2013）。

在农业发展不断转型的过程中，尤其在城乡关系经历城乡一体化、城乡统筹发展与城乡融合发展的进程中，生产要素城乡流动发生了逆转。新经营主体乡村入驻寻求资本运营场所的过程同样需要依赖社会资本。如新经营主体与集体经济组织、乡镇府的关系，以及新经营主体与农户之间信任与关联程度的增加，可以降低其进入乡村场域的障碍。一般而言，乡村内部成长起来的新经营主体由于长期以来与村集体经济组织和农户有着天然的联系，也正因为如此，内生成长型主体一般与农户有着密切的关联，在技术分享、经验传授以及信息共享等方面为农民提供免费资源，使农民可以在短期内快速吸收成功主体经验并将其转换为自身知识力量，然后植入生产，获取经营收益。而外源嵌入型经营主体与当地农户的衔接则一般相对较弱，社会资本促使人力资本形成的概率及程度有可能较低。

基于以上分析，提出假说：

假说 H4a：社会资本通过促使农业劳动力向非农转移从而对农民收入产生影响。

假说 H4b：社会资本抑制人力资本的收入效应。

以上机理可以图示，具体如图 5 - 1 所示。图中生计资本具体包括自然资本、金融资本、物质资本和人力资本。

图 5 - 1 中，"社会资本→农民收入"之间的路径代表社会资本对农民收入产生的直接影响作用；"社会资本→生计资本→农民收入"这一路径代表社会资本通过生计资本间接影响农民收入，生计资本作为社会资本影响农民收入的中介（中介变量）；图 5 - 1 中的箭头表示生计资本影响农民收入的路径受到社会资本的调节作用。因此，在本书的分析中，社会资本扮演两种角色，一是作为自变量对因变量产生影响，二是作为调节变量对其他因变量的收入增长作用产生调节作用。

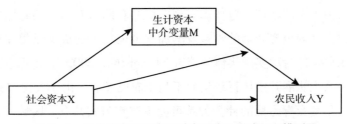

图 5 - 1　社会资本配置资源对农民收入影响机理模型图

5.2 个体层面的机理：农户社会资本 他人嵌入下的空间溢出效应

杜尔拉夫（Durlauf，2002）检验了社会资本的外生交互效应与内生互动效应。陈云松在社会资本外生交互效应（情境效应）的研究中以劳动力市场为例，假设求职者的收入受到朋友平均教育程度的影响（陈云松，2020）；在社会资本产生的内生互动效应的研究中以求职者的收入受到朋友平均收入的影响作为例证。社会资本除了对自身资本产生影响外，还会对周边人群产生影响，即资本具有外溢效应。具体表现为以下几方面。

5.2.1 社会资本"共享"或者"互斥"对农民收入产生异向效果

社会资本通过增加人们相互信任的程度从而促进其采取集体行动。信任是合作的基础，增加了人们合作的维度与高度，合作有助于弱势农民个体间联合起来以提高农民的整体谈判能力和市场竞争力，同时又进一步推动信任的增加，信任与合作所形成的良性循环机制有助于提高农民的集体行动。在信任水平增加、集体行动增强、社区安全感提升的基础上，人们的互惠、福利及收入水平得以提升。另外，社会网络成员之间的互助合作与高度互惠性承诺可以降低交易成本，或将部分生产行为产生的负外部性内部化，形成规模效益。此外，社会资本形成过程中产生的非正式制度作为正式制度的补充，对成员的行为有着约束和规范作用。规范的社会网络有助于培育诚实守信的行为，通过提高规范遵守者的收益及增加规范失约者的成本以促使社会网络内部成员采取集体行动实现集体效能（Johannisson，2002）。排斥、猜忌、分裂的社会关系无法展开集体行动从而不利于农民发展。由于农民"理性"的存在，一些私密及有力量的社会关系可能不愿意与人共享。区域间同姓、同族或"同圈"的农民往往排斥外部主体，对农民的生产活动产生影响。因此社会资本对相邻农民可能产生"共享"或"互斥"的双重空间交互效应，从而对收入产生相应影响。

基于以上分析，提出假说：

假说 H5：社会资本若是"互助"或"共享"可能产生"1＋1＞2"的空间溢出效应；社会资本若是"互斥"则可能形成"1＋1＜2"的空间溢出效应。

5.2.2　资源互补产生外生交互效应形成农民收入增长的社会环境

就生计资本而言，由知识、技术及劳动力所组成的人力资本往往具有外溢效应。通过与社会关系网络中成员的交流，农民易于获得免费创意指点、创业资源、技术指导、管理经验或免费帮工，易于掌握先进农业生产技术和经营管理知识，造就"知识走廊"。拥有更多市场知识、服务方式和营销知识的农民更有可能发现有利机会（Burt，1992），从而获得市场先机。人力资本的正向外溢效应促使农业生产的边际收益呈递增趋势，形成规模经济。异质性的社会网络结构以及密切交往的社会关系促进人力资本的外生交互过程，形成"干中学"与"交互中学"。另外，物质资本、金融资本与土地资源的互补性需求使得区域内及区域间农民的资本交互影响和空间溢出成为可能。就村庄内部而言，农民所拥有的土地、资本及生产机械等方面存在差异。在高度信任、频繁交往以及相互熟悉的乡村社会，土地流转往往优先租给本村农民，生产合作、资本合伙、劳动互助或劳动力的雇佣也往往优先考虑村内群众，然后再向外扩展。就外部农业经营主体与村内农民的交互而言，村内农民以富余的劳动力和土地资源与外部经营主体的经营项目紧密互补结合，农民以供应商、顾客或合作伙伴等身份与驻乡新经营主体建立关联网络，新经营主体寻求资本与土地或劳动力有效结合的过程成为农民收入增长及资源空间依赖的重要机制，资本交互所产生的空间溢出效应扩展到村庄外部的更大范围。

基于以上分析，提出假说：

假说 H6：相邻农户的生计资本（即自然、金融、物质和人力资本）的他人嵌入可能产生不同程度或不同方向的空间溢出效应。

5.2.3　同质农产品竞争引致内生交互产生，农民收入的此消彼长

随着乡村振兴战略的不断推进，在小农户与现代农业有机衔接与城乡融合发展的进程中，区域间经济关联度逐渐增大，资源、市场与收入空间竞争也成为事实。在当前市场吸纳能力有限的情况下，区域间农户存在市场争夺行为，同质商品的销售可能会面临来自区域间的空间竞争，从而使农民收入增长呈现"此消彼长"的关系。另外，社会资本所形成的"非市场机制"作为市场机制的补充，随着市场机制对资源配置的逐步完善，社会资本的"非市场机制"在资源配置方面的作用逐渐弱化（Lochner，1999），从而导致对农民收入的影响作用逐渐减弱。

基于以上分析，提出假说：

假说 H7：区域内农产品的同质竞争造成市场竞争，产生农民收入的"此消彼长"关系。

5.2.4　距离的增加弱化社会资本的收入效应

由于土地空间位置的固定性以及物质资本难以移动，农民生计资本溢出呈现空间局限。当资本溢出不易于远距离扩散，并仅限在区域内部传播时，企业在布局上就会趋向相邻，利用相邻企业的资本空间溢出减少生产成本，从而获取更高的经营效率，逐步形成生产及经营的空间集聚。因此，近距离可能更容易形成资本交互，产生空间溢出效应。在农村传统的集体主义背景下，村域治理体系为村庄范围内农户间长期而密切的联系提供了可能，同村相邻的农民成员一般具有较强的情感及信任关系，更加容易建立起强关系联结，通过分享有价值的信息，或通过示范和模仿机制对农民收入产生影响。相较于同村相邻的强关系联结，距离较远和范围较广村庄外部社会关系网络则以弱关系联结的方式嵌入农户的生产经营活动中，对农民生产经营和收入增长的影响则相对较小。

基于以上分析，提出假说：

假说 H8：资本对农民收入的空间溢出效应随着距离的增加而不断减弱。

5.3 群体层面的机理：区域社会资本影响农民收入增长的资源融合效应

农村区域社会资本是村庄内部成员之间以及村庄内部成员与外来经营主体的横向交往所叠加形成的社会关系网络，以及彼此长期合作和信任形成的互惠规范。这一机制的实现源于两种途径：一是社会资本作为村庄区域集体资源能够促进人们采取集体行动形成集体效能；直接或间接地为集体行动者及村庄成员带来可以共享的经济成果；二是村庄内部融洽的人际关系以及村庄成员与外部经营主体稳定信任的合作关系不仅能够在村庄成员的生产合作中创造收益，还能够形成集体力量对话外部社会以及在遭遇灾害和风险时增强个体的抵抗能力。内生成长以及外源嵌入所形成的区域社会资本在与当地农民产生关联方面有着明显不同，内生成长型社会资本嵌入与农民的联结通常是紧密的，村庄范围包括生产经营者在内的集体行动较易形成；外源社会资本嵌入与农民的联结则表现为松散型的弱联结过程，对农民生产经营及经营绩效的影响较弱，也难以开展集体行动形成集体效能。

5.3.1 区域社会资本的内生紧密型嵌入与资源融合

内生成长型新经营主体成长于乡村内部，其主要管理者来自于当地村庄，与当地村民有着共同的社会文化价值观，以及共同的社会关系网络，与部分村民是远近紧邻的亲属关系。因此，内生成长型的新经营主体在进行生产经营决策时不完全受"理性"影响，也体现了"社会人"意识。内生成长型新经营主体的生产经营经验尤其是成功生产经验往往被同村农民模仿、复制。在与同村农户交流过程中，内生新经营主体往往不吝啬为其提供技术传授、亲临指导，或物质资源共享，或更关心和积极参与村庄公共事务管理，以追求更好的共同发展或获取较好的经营口碑，维持经营的持续性。

5.3.2　区域社会资本的外源松散型嵌入与资源扩展

与内生成长的新经营主体相比，外源嵌入型新经营主体的主要经营者来自于村庄外部的其他村庄或者城市，与所在村庄缺乏天然的关联，不具备共同的社会文化及价值观念，追求理性法则的外源新经营主体可能与当地农户产生资源或利益的争夺效应。但由于经营区域的限制，外源嵌入型新经营主体与村庄不完全是"脱嵌"状态，新经营主体不可避免地与村庄农民发展土地租赁的合约关系，为保持低成本的获取劳动力，外源新经营主体往往就近使用相对长期或者临时的劳动力资源，为当地农民提供了就业岗位增加农民的务工收入，或在征召代理人、合作经营在收益分配等方面一定程度上兼顾村庄利益，以展现对乡土社会的亲和以及对社会发展的顺从。此外，为了应对市场竞争或避免不必要的乡土冲突，外源经营主体也可能通过参与公共基础设施建设的资金筹集、寻找熟人纽带等活动来增强自身的经营口碑，加强与村庄社会的乡土联系。相对于内生紧密型嵌入而言，外源新经营主体的乡村嵌入显得相对松散，但对乡村经济社会资源的扩展也起着至关重要的作用，其嵌入也在不同程度地影响乡村社会的区域特征，进而对农民的生产、生活以及收入水平产生影响。随着农地"三权分置"政策的不断实施以及城乡融合发展的政策实践，外源嵌入的新经营主体影响乡村经济和社会环境，改变乡村农民的生产和生活水平。

基于以上分析，提出假说：

假说 H9：社会资本的不同嵌入模式对农民收入增长的影响存在差异。

5.4　小　　结

依据以上关于微观层面社会资本影响农民收入增长的机理分析，本书微观层面农民个体社会资本影响农民收入增长的逻辑关系如图 5 - 2 所示。由图 5 - 2 可知，农民个体社会资本主要通过两种渠道影响农民收入增长，一是社会资本对农民自身资源配置所产生的内部规模效应，起到了农民"资源粘合剂"的作用；二是相邻农户间的社会资本通过空间溢出效应，对农民收入产生外部规模效应，起到"收入催化剂"的作用。

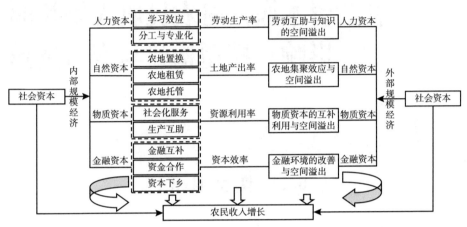

图5-2　微观层面的个体社会资本影响农民收入增长的逻辑关系

同时，以新经营入驻为特征的村庄群体区域社会资本的变化为传统农户与大市场以及现代农业的有机衔接架起了"桥梁"，内生紧密型社会资本促进了村庄资本的融合，外源松散型嵌入的社会资本加速了村庄资源的扩散。因此，区域群体社会资本的变化对农民收入增长的影响起到了"桥梁"作用。

第 6 章

社会资本嵌入对农民收入增长的
影响：模型构建与变量选择

6.1 模型构建

6.1.1 个体层面的社会资本自我嵌入模型构建：连续变量的条件过程分析模型

6.1.1.1 模型构建

依据以上对社会资本影响农民收入的机理分析，建立条件过程分析模型对社会资本影响农民收入增长的内部资源配置机理进行分析。哈耶斯（Hayes）在其网站①中提供了中介模型、调节模型、有调节的中介模型或有中介的调节模型，无论是中介效应受到调节作用还是调节效应具备中介过程，哈耶斯都统一称其为条件过程分析②（2013）。根据对社会资本嵌入的农民收入增长效应的机理分析内容，本书采用哈耶斯提出的条件分析过程模型代替

---

① Andrew F. Hayes and The Guilford Press［EB/OL］. PROCESS v3 templates are available in the 2nd edition of http：//www. guilford. com/p/hayes 3.

② Hayes, A F. Introduction to mediation, moderation, and conditional process analysis［J］. Journal of Educational Measurement, 2013, 51（3）：335 –337.

传统的有调节的中介模型的说法，并使用其建立的第 74 号条件过程分析模型对社会资本影响农民收入增长的内部规模效应进行分析，模型如图 6 - 1（a）、（b）所示。模型显示，自变量同时作为调节变量对中介过程的后半段进行调节。

条件过程分析模型（Conditional Process Analysis Model）是同时包含中介变量和调节变量的常见模型。温忠麟等人称之为有调节的中介效应模型或者有中介的调节效应模型。不管是何种，这种模型都意味着自变量通过中介变量对因变量产生影响，并且中介过程同时受到调节变量的调节（Baron and keney，1999；温忠麟等，2006；2012）。

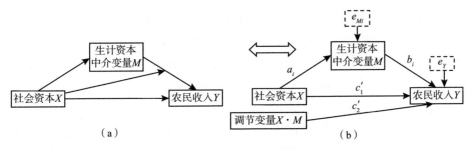

图 6 - 1　条件过程分析模型

依据上述模型图，建立社会资本与农民收入之间有调节的条件过程分析模型，表达式为：

$$Y = c \times X + e_1 \tag{6-1}$$

$$M_i = a_i \times X + e_{M_i} \tag{6-2}$$

$$Y = c_1' \times X + b_i \times M_i + c_{2i}' X \times M_i + e_Y \tag{6-3}$$

式（6-1）~ 式（6-3）中，X 为自变量，同时为调节变量，表示社会资本嵌入；M 为中介变量，代表各生计资本（自然资本、金融资本、物质资本、人力资本）；Y 为因变量，表示为农民收入；e 为扰动项；c、a_i、c_1'、b_i、c_{2i}' 为待估系数；c 为总效应；c_1' 为直接效应；$a_i * b_i$ 为中介效应，$c = c_1' + a_i * b_i$。条件过程分析中有调节的中介效应表示为 $M_i = a_i * (b_i + c_{2i}'X)$；有调节的直接效应表示为 $X = c_1' + c_{2i}'M_i$。

6.1.1.2 模型检验

根据以上叙述可知，有调节的中介效应可表示为 $a_i \times (b_i + c'_{2i}X) = a_i \times b_i + a_i \times c'_{2i}X$，其中 a_i 与 c'_{2i} 与调节变量 X 有关，因此，只要 a_i 和 c'_{2i} 均不为 0，则中介效应受到调节变量 X 的调节。

关于条件过程分析模型效应系数检验方法，多数学者使用依次检验法（Mackinnon & Lockwood. et al，2000；温忠麟、张雷等，2006）对条件过程分析的结果来进行判断，若依次检验结果是显著的，则可以得出结论。但也有学者认为，依次检验法具有比较低的检验力（Mackinnon. et al，2000），温忠麟（2012）等人使用了索贝尔（Sobel）检验方法并认为该检验方法的检验力高于依次检验；最近的研究提出了使用偏差校正的自助抽样检验（Bootstrap）或者有先验信息的马尔可夫链蒙特卡洛法（MCMC），这两种方法均比索贝尔检验更具检验力。对于 X 为自变量，同时又是调节变量的有调节的中介模型，哈耶斯并未给出直接的自助抽样检验程序。因此，本书使用依次检验法进行初步验证，再使用索贝尔检验法对其进行验证，以增加研究结果的可信度。检验的程序为：将模型拆解为中介效应和调节效应两部分，分别检验中介效应与调节效应是否成立，进而判别社会资本影响农民收入增长的中介效应是否受到调节作用。

（1）检验中介效应是否成立。条件过程分析模型是一个中介模型，因此首先需对中介模型进行验证。根据前述机理分析，社会资本可能通过生计资本影响农民收入增长，生计资本可能充当社会资本影响农民收入增长的中介变量，将条件过程分析模型进行拆解如图 6 - 2 所示。

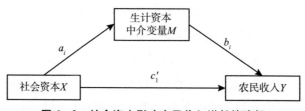

图 6 - 2　社会资本影响农民收入增长的路径

模型表达式为：

$$Y = c * X + e_1 \tag{6-4}$$

$$M = a_i * X + e_2 \tag{6-5}$$

$$Y = c'_1 * X + b_i * M + e_3 \tag{6-6}$$

式（6-4）~式（6-6）中，c 为总效应，$a_i \times b_i$ 为 X 影响 Y 的中介效应，c'_1 为直接效应，其余各变量含义与式（6-1）~式（6-3）中变量含义相同。采用巴龙和凯尼（Baron & Kenny，1999）提出以及由温忠麟（2004）改进的逐步回归法进行中介过程的分析，并使用埃弗龙（Efron，1979）提出以及陈瑞（2013）等人总结的自助抽样检验（Bootstrap）方法对社会资本影响农民收入的中介效应过程进行检验。

依次检验的一般过程是：第一，首先检验系数 c 是否显著，如果 c 显著，依次检验系数 a_i 和系数 b_i；第二，若 a_i、b_i 都显著，检验系数 c'_1，若 c'_1 显著，则中介效应显著且为部分中介，若 c'_1 不显著，则为完全中介效应；第三，若 a_i、b_i 中至少有一个不显著，则无法直接判断中介效应是否成立，需要进一步做索贝尔检验，若索贝尔检验显著，则具备中介效应，若检验不显著，中介效应不成立。

普里彻和哈耶斯等人（Preacher et al.，2007）编写了基于最小二乘法的回归分析的自助抽样检验程序，本书使用了其在 SPSS 中的 PROCESS 程序来实现该分析过程。自助抽样检验的检验方法的步骤为：①对原有样本进行有放回的随机重复抽样，抽取 n 个样本；②计算 n 个样本的中介效应估计值 $\hat{a} \times \hat{b}$；③重复上述步骤若干次（次数可自行设定，默认为 5000 次），记为 B；④以 B 的中介效应估计均值作为中介效应的点估计值，并将 $\hat{a} \times \hat{b}$ 按数值从大到小排列获得序列 C；⑤将序列 C 的第 2.5 分位数和第 97.5 分位数来估计 95% 的置信区间（记为 LLCI 和 ULCI）（Hayes，2013），若 LLCI 与 ULCI 区间包括 0，表示中介效应不显著，否则中介效应显著。

对于中介效应分析之前是否要求主效应显著，赵（Zhao，2010）、陈瑞（2013）、哈耶斯（Hayes，2009）等人提出了不同的看法，他们认为即使 X 与 Y 之间没有直接影响，但是 X 与 Y 之间也可以存在中介效应，而且这种现象非常普遍，即检验 X 与 Y 之间的中介效应，不需要事先检验主效应 c 是否显著，本书认同这一观点。具体检验程序如图6-3所示。

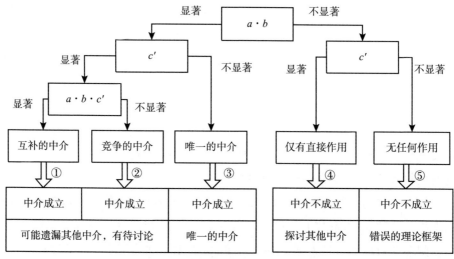

图6-3　中介效应检验和分析程序

（2）调节效应的检验。若社会资本影响农民收入增长的模型成立，那么要进一步探讨社会资本对生计资本影响农民收入增长的过程是否具备促进或者抑制的调节作用，总模型拆解的第二部分调节模型表述如下，如图6-4所示。

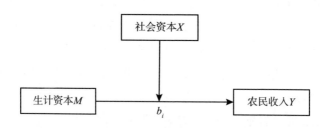

图6-4　社会资本对生计资本收入效应的调节模型

调节模型的数学表达式表述为：

$$Y = c_1' * X + b_i * M_i + c_{2i}' X * M_i + e \qquad (6-7)$$

其中，Y 表示农民收入，M 为生计资本，X 为调节变量，c_1'、b_i、c_{2i}' 为响应系数，c_{2i}' 为调节项系数，若调节项系数显著，则存在调节作用；若调节项不显著，则生计资本影响农民收入的结果未受到社会资本的调节作用。调节项的符号表示调节方向，调节项系数表示调节变量每变化 1 单位，自变量 M 对因变量 Y 的回归系数的变化。

根据拟合优度 R^2 的改变量我们可以判断调节项的作用大小，R^2 越大，则新增变量对因变量的解释力度越大。

（3）计算条件过程分析模型的效应系数。根据以上分析得出相应系数，根据效应公式计算：

有调节的中介效应：

$$M_i = a_i * (b_i + c_{2i}'X) \qquad (6-8)$$

有调节的直接效应：

$$X = c_1' + c_{2i}'M_i \qquad (6-9)$$

6.1.2 个体层面的社会资本他人嵌入模型构建：通用嵌套空间模型及其退化模型

6.1.2.1 模型的基本设定

社会资本在影响农民收入的过程中，不仅对内部资源进行配置形成内部规模效应对农民收入产生影响，社会资本所形成的外部社会环境产生的外部规模效应对农民收入也产生影响。为探讨社会资本对农民收入增长的空间溢出效应，本书在埃洛斯特（Elhorst，2014）研究成果的基础上，以社会资本为主要解释变量，以其他生计资本为控制变量，构建通用嵌套空间模型（GNSM），以解析农民外部社会资本及社会环境对农民收入产生的影响，如式（6-10）、式（6-11）所示。

$$Y_i = \alpha + \rho W_{ij}Y_j + X_j\beta_k + \theta_k W_{ij}X_j + \mu \qquad (6-10)$$

$$\mu = \lambda W_{ij}\mu + \varepsilon \qquad (6-11)$$

其中，Y_i 表示 i 农户的收入观测值，W_{ij} 为空间权重矩阵。

$$W_{ij} = \begin{cases} 1 & \text{当农户 } i \text{ 和农户 } j \text{ 同村相邻或同乡（镇）相邻} \\ 0 & \text{当农户 } i \text{ 和农户 } j \text{ 不相邻} \end{cases}$$

在计算过程中对 W 进行标准化处理。Y_j 表示与农户 i 相邻的农户 j 的收入观测值，X_j 表示与农户 i 相邻的农户 j 的生计资本观测值。依据可持续分析框架，设定 X 包含结构型社会资本、关系型社会资本以及自然、金融、物质和人力资本为一个 $n \times k$ 的矩阵（$n = 397$，$k = 6$），α、β、ρ、θ、λ 分别为变量的外生参数，其中 α 为截距项，ρ、θ、λ 为空间相关系数，μ、ε 为随机扰动项，β 为待估计的解释变量系数，表示农民资本禀赋对收入增长的直接影响。

通用嵌套空间模型分析的是空间区域内被解释变量之间的内生交互效应、解释变量与被解释变量之间的外生交互效应以及随机扰动项之间的交互效应。这三种效应解释了特定区位的农户收入、农户生计资本与另一特定区位的其他农户收入之间的空间依赖关系（赵云，2017）。

（1）内生性交互效应 WY。内生性交互效应表示相邻农户间农民收入的关系。内生交互关系测度的是某一经济主体被解释变量与其他空间区域内其他主体的被解释变量之间的交互关系。在本书中，它表示与农户 i 相邻的其他农户 j 的收入对农户 i 收入的影响，即：

相邻农户 j 的收入↔农户 i 的收入

（2）外生性交互效应 WX。外生交互效应是指某一行为主体的被解释变量变化取决于其他空间区域其他行为主体的解释变量变化。在本书中是指农户收入受相邻其他农户生计资本变量的影响，即：

相邻农户 j 的社会资本↔农户 i 的收入

（3）随机扰动项之间的交互效应 $W\mu$。模型中的随机扰动项同样可能存在空间相关性。随机扰动项之间的空间交互关系可以理解为对不可预测因素变化的校正机制，即：

农户 i 的随机扰动项↔农户 j 的随机扰动项

建立研究个体社会资本他人嵌入的农民收入增长效应的通用嵌套空间模型（GNSM）纳入被解释变量（农民收入）、解释变量（社会、自然、金融、物质及人力资本）以及随机扰动项的空间溢出效应。如图 6 - 5 所示，通用嵌套空间模型包含了所有的交互效应，该模型右侧的模型为其退化模型，包括空间自相关模型（SAC）、空间杜宾模型（SDM）、空间杜宾误差模型（SDEM）、空间滞后模型（SAR）、空间 X 滞后模型（SXL）、空间误差模型（SEM）及普通最小二乘模型（NSM）七个模型（含义如图 6－5 所示）。他们可以通过对通用嵌套空间模型的一个或者多个参数施加限制而得。如空间自相关模型纳入了农民被解释变量（农民收入）及随机扰动项的空间溢出效应、空间杜宾模型纳入了被解释变量（农民收入）及解释变量（社会、自然、金融、物质及人力资本）的空间溢出效应、空间杜宾误差模型纳入了解释变量（社会、自然、金融、物质及人力资本）及随机扰动项的空间溢出效应；空间滞后模型、空间 X 滞后模型及空间误差模型分别只纳入了被解释变量、解释变量以及随机扰动项的空间溢出效应；而普通最小二乘模型未纳入任何空间溢出效应，通用嵌套空间模型退化为非空间模型。通用嵌套空间模型及其退化模型之间的关系如图 6－5、图 6－6 及表 6－1 所示。

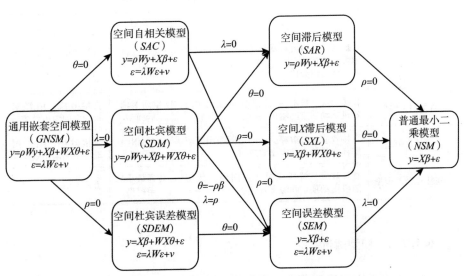

图 6－5　通用嵌套空间模型及其退化模型关系（a）

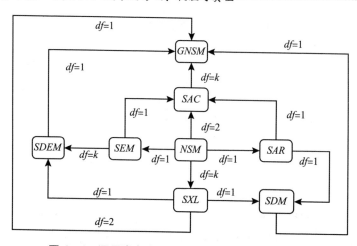

图 6 - 6　通用嵌套空间模型及其退化模型关系（b）

注：df 为自由度，依据本书变量选取；$k = 6$。

表 6 - 1　　　　　　通用嵌套空间模型及其退化模型关注的分析效应

模型	关注效应	模型	关注效应
通用嵌套空间模型	直接效应、被解释变量的空间溢出效应、解释变量的空间溢出效应、随机扰动项的空间溢出效应	空间滞后模型	直接效应、被解释变量的空间溢出效应
空间自相关模型	直接效应、被解释变量的空间溢出效应、随机扰动项空间溢出效应	空间 X 滞后模型	直接效应、解释变量的空间溢出效应
空间杜宾模型	直接效应、被解释变量的空间溢出效应、解释变量的空间溢出效应	空间误差模型	直接效应、随机扰动项空间溢出效应
空间杜宾误差模型	直接效应、解释变量的空间溢出效应、随机扰动项空间溢出效应	普通最小二乘模型	直接效应

6.1.2.2　模型遴选

本书首先采用变量显著性原则对模型进行初步筛选，再利用似然比检验（LR 检验）对其退化模型进行遴选。参照郭志仪等人（2020）关于空间模型的遴选方法，采用目标模型与参照模型进行比较（具体关系如图 6 - 6 所示。），并以 LR 统计量中偏离卡方分布临界值的远近来判断二者的相对优良性。以 NSM 与 SAR 模型遴选为例，设定原假设和备择假设分别为：$H_0 : \rho = 0$，$H_1 : \rho \neq 0$。

检验统计量可以表示为：

$$LR_{NSM \to SAR} = -2 \times \left[(\ln L)_{NSM} - (\ln L)_{SAR} \right] \sim \chi^2(1) \qquad (6-12)$$

检验结果判断：若 $LR_{NSM \to SAR} \geqslant \chi^2(1)$，拒绝原假设，选择 SAR 模型；若 $LR_{NSM \to SAR} < \chi^2(1)$，接受原假设，选择 NSM 模型。

其中，LR 表示似然比检验值，$\ln L$ 为各模型的对数似然值（log-likelihood）。

6.1.3 群体层面的区域社会资本嵌入模型调整：多分类变量的条件过程分析模型

采用上述的条件过程分析模型，考察不同模式下的社会资本对农民收入增长的影响机理和渠道。将多分类变量的条件过程分析模型在原有的连续变量模型基础上做以下调整，具体如图 6-7 所示。

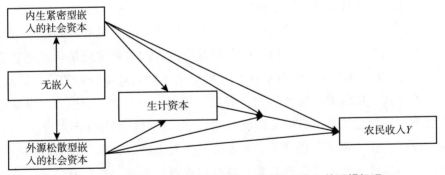

图 6-7 不同嵌入模式下的社会资本影响农民收入的逻辑机理

基于多分类变量的条件过程分析模型的系数解释为与参照系"无（低）嵌入"状态相比，内生紧密型嵌入的社会资本与外源松散型嵌入的社会资本对生计资本或农民收入影响效应的变化。根据拟合优度 R^2 的调整检验其解释的可信度，若拟合优度有所提高，则结果可信；若拟合优度降低，则结果不理想。

6.2 变量选取及描述性统计

6.2.1 变量选取和赋值

6.2.1.1 变量选取

（1）被解释变量。依据当前农业发展实际，尽管农民的收入渠道是多样化的，但就砂糖橘经营农户而言，由于砂糖橘管护需要花费较大的精力，要完成剪枝、除草、水肥管理、病虫害防治等工作，该类型的农户一般专注于农业生产，较少有时间和机会从事其他事务，或者尽管有时间从事其他业务，也不是收入的主要来源。因此，对于砂糖橘种植农户而言，农业生产经营性收入是农民收入的主要来源，因此选取农民生产经营性收入为被解释变量。

（2）核心解释变量。核心解释变量为社会资本。关于社会资本的测量，作者通过对以往研究学者的文献梳理发现，以往学者多强调的是通过定名法、定位法和资源生成法对相应社会资本所嵌入的数量进行量化。定名法（提名生成法）可以追溯到社会网络分析历史上社会计量分析的早起阶段，这一测量法一般分为"提名"和"释名"两部分，提名部分通常要求被调查者列举其社会关系网络中关系成员的名字或代号，以确定其社会关系网络的规模。在"释名"的部分，要求被调查者说明"提名"部分所列举成员的个体属性，并说明这些关系人与被调查者的亲疏关系。通过对以被调查者为中心的关系网络成员的规模和关系属性的观察，聚合生成测量指标。鉴于定名法可能会产生关系人重叠、同质赘述等问题，林南等人在此基础上提出了"位置生成法"，即"定位法"。这一方法对调研对象的社会关系网络成员的社会地位等（通常以职业声望等测量指标）的测量，作为对调研对象所拥有的社会资源的测量。一般而言，职业位次越高，给调研对象所带来的资源就越多，社会资本越丰裕；资源生成法①所提及的测量方法与"定位法"类似，要求被调查者列举其社会网络成员广泛而具体的社会资源或社会支持的内容，要求被调查者指出是否具有分属于不同的社会资源或社会支持内容的关系人，进而测量被调查者与其相应的关联。然而受限于扩大性的社会资源的多样性和难以描述性，这一方法在调研实施的过程中往往难以实现。

鉴于此，本书同时将社会资本的测度分为结构型社会资本和关系型社会资本。对结构性社会资本和关系型社会资本的测度同时参考了坎贝尔（Campbell，1986）、杨俊（2009）等人提出的"提名法"，在调研的过程中具体操作方法是让农户尽可能提供在生产经营过程中能为其提供帮助的 15 个人的信息，测度其职业、职位、关系等信息。其中，用亲友职业种类数、职业层次来测度结构型社会资本，结构型社会资本中的亲友职业种类数表征社会关系网络的异质性，即社会资本的广度，结构型社会资本中职业层次（将亲友职业层次划分为高层管理者、中层管理者和一般员工并对其进行评分量化）表征社会关系网络的高度，即网顶资源。以认识时间、交往频率、亲密程度、熟悉程度、信任程度来测度关系型社会资本，关系型社会资本表征农民与社会网络成员交往的深度，即社会关系网络的深度。因此，从社会关系网络的广度、高度和深度综合测度社会资本变量。

区域社会资本变量说明详见第 7.3 小节。

（3）其他解释变量。本书依据指标构建全面性、系统性、代表性和数据可获得性等要求，依据可持续生计分析框架所提及的生计资本的具体内容，结合广西不同类型山区的社会经济发展状况、农户的生计资本特征，参考蔡洁（2017）等人的研究，选取 20 个指标来表征农户生计资本情况。依据可持续生计分析框架，生计资本是影响农民生计结果的重要变量，即对农民经营性收入来说，除社会资本外，包括自然资本、金融资本、物质资本及人力资本在内的生计资本是影响农民收入的重要因素。因此，选取自然资本、金

---

① Van Der Gagg, Martin & Snijders, Tom A. B. The resource：Social capital quanitification with concrete items [J]. Sosial networks, 2005, 27：1 – 29.

融资本、物质资本、人力资本作为影响农民收入的其他解释变量，考察社会资本与其他生计资本对农民收入影响的差异。

第一，自然资本。影响农户生产的自然资本有很多，但土地是农户最重要的生产要素及自然资源，是当前农业发展的基础和载体，选取农户家庭拥有耕地面积和农地地块数量作为测度指标，农户拥有耕地面积越大，其可操作的自然资本也就越丰裕。但另一方面，耕地地块越多，农地细碎化严重，因此地块信息是一个负向指标，故采取地块数量的倒数作为衡量自然资本的正向指标。

第二，物质资本。农户最重要的物资资本是其住宅，农民住宅质量的高低也直接反映农户物质资本的丰裕程度。农业机械化水平反映农民获取农产品的技术水平，农户拥有农机和农业基础设施的数量是农民高效率耕作的重要基础。交通工具从另一方面也反映农民现有物质资本多寡。因此，选择农户住房信息、农机及农业设施建设数量、小汽车、摩托（电动车）拥有数量来反映农户的物质资本。

第三，金融资本。农户收入是农民投入农业生产的重要资金基础。此外，农业贷款、亲友借款或者资助、政府发放农业补贴或者转移性支付为农民进行生产活动提供重要资金来源，因此，选取上一年农户家庭收入、银行贷款、亲友入股或借款、政府农业补贴作为农户金融资本的衡量指标。

第四，人力资本。劳动力人数及劳动力智力水平是构成人力资本的两个重要维度，农村家庭非农就业人口大多数读书外出的子女或家庭成员，为农民职业分化等重要生计策略抉择提供强有力的智力支持。因此，选取农户家庭劳动力人数、劳动力受教育水平以及家庭非农就业人数来测度农户人力资本。

（4）控制变量。为了更加全面地探讨农民收入的影响因素，本书纳入农民个体特征，包括年龄、外出务工经历、是否是合作社成员以及是否接受农业技术培训作为影响农民收入的控制性变量。

6.2.1.2 变量赋值

生计资本是包括社会、自然、金融、物质和人力在内的五大资本，是可

持续生计框架所提及的五大生计资本变量。因此，本书选取 20 个指标对五大
资本进行测度，如表 6-2 所示。为客观计算五大资本的测度指标，采用变异
系数法对 20 个测度指标进行权重赋值。

表6-2　　　　　　　　　　　生计资本评价指标

一级指标	二级指标	指标说明	指标评分
社会资本	亲友职业种类数	1-15	1-5
	职业层次	中高低	1-3
	职业评分	职业与帮助项目匹配程度	1-5
	认识时间	1-50	1-5
	交往频率	不经常-非常	1-5
	亲密程度	不经常-非常	1-5
	熟悉程度	不经常-非常	1-5
	信任程度	不经常-非常	1-5
自然资本	耕地面积	实际数值	
	地块数量	1-50	
金融资本	家庭现金收入	农户家庭收入人均水平	
	获取信贷机会	有为1，无为0	0/1
	获取亲友借款	有为1，无为0	0/1
	获取无偿现金援助	有为1，无为0	0/1
物质资本	房子类型	草房/土木房/砖木房/砖瓦房/混凝土房	1-5
	房子层数	1-5层	1-5
	生产工具/农具	实际数值	
	交通工具	小汽车1，摩托车0.5，电动车0.3	
人力资本	家庭劳动力数	成年人1，能帮助的儿童0.3	
	家庭劳动受教育程度	文盲/小学/初中/高中或中专/大学以上	1-5
	家庭非农就业人数	实际数值	1-5

注：对生计资本各子指标采用 1-5 比率标度法标度比较尺度。

（1）变量权重赋值方法——变异系数法。变异系数也就是"标准差率"，是衡量指标数据各观测值变异程度的统计量。如果变量观测值的度量单位与平均数均相同，那么其标准差就可以表示这组数据的变异系数；如果变量观测值的度量单位与平均数不同时，那么这组数据的变异程度就应该用他们的标准差与平均数的比率值来表示。因此，变异系数法是一种客观的赋值方法。其基本思路如下。

某项指标的变异值及指标数值的差异值越大，其数值所包含的信息量越大，说明该指标能明确区分开各被评价对象，该指标的分布信息越丰富，应该给该组数据赋予较大的权重；反之如果某项指标的变异值越小，则这项指标区分各评价对象的能力也就越弱，其反映的信息量也就越小，应该赋予较小的权重。

因此，变异系数采用指标标准差与指标均值的比值来表示，如式（6-13）

$$V_i = \frac{\sigma_i}{\bar{x}}(i = 1, 2, \cdots, n) \qquad (6-13)$$

式中，V_i 表示第 i 项指标的变异系数，σ_i 是第 i 项指标的标准差，$\bar{x}$ 表示第 i 项指标的平均数，该值反映单位均值上的离散程度。

各项指标权重为：

$$w_i = \frac{V_i}{\sum_{i=1}^{n} V_i}(i = 1, 2, \cdots, n) \qquad (6-14)$$

（2）变量赋值说明。依据变异系数法计算的指标赋值结果如表 6-2 所示。为了消除量纲的影响，本书采用 $(x_i - x_{\min})/(x_{\max} - x_{\min})$ 对数据进行标准化处理，$x_{\max}$、$x_{\min}$ 分别代表数据序列的最大值及最小值。

由于各模型在核心解释变量的选取上各有侧重，因此在具体分析时再具体介绍。

6.2.2 变量描述性统计

使用 SPSS 25.0 对数据指标的效度和信度进行分析，巴特利特（Bartlett）

球形度检验结果为 2646.35，$P < 0.000$，表明拒绝相关系数是单位阵原假设，问卷具备较好的结构效度。KMO 用于检验变量间的相关系数及偏相关系数，本书所用数据 KMO 检验值为 0.678，表明分析结果可以被接受（Kaiser，1974；孟立娟，2017）。变量的描述性统计如表 6-3 所示。

表 6-3　　　　　　　　生计资本各变量及赋值、描述性统计及权重

变量及构成	均值	标准差	变量说明及赋值	权重（变异系数）
被解释变量				
农户生产经营性收入	77412.620	182753.700	农民生产经营性收入/元	
解释变量				
①结构型社会资本	0.018	0.010		
B_1 亲友职业种类数	3.300	2.068	按照职业种类数量	0.030
B_2 亲友职业层次	9.569	6.673	1 = 一般职员，2 = 中层管理，3 = 高层管理	0.033
②关系型社会资本	0.032	0.010		
B_3 认识时间	8.593	6.002	1 = 0~10 年，2 = 11~20 年，3 = 21~30 年，4 = 31~40 年，5 = 41~50 年	0.033
B_4 交往频率	4.019	0.700	依据程度从低到高 1~5 分	0.008
B_5 亲密程度	3.865	0.773		0.009
B_6 熟悉程度	3.845	0.787		0.010
B_7 信任程度	3.988	0.817		0.010
③区域社会资本	—	—	1 = 无（低）嵌入；2 = 外源松散型嵌入；3 = 内生紧密型嵌入	
无（低）嵌入				
外源松散型嵌入	—	—	强关系联结，1 = 相邻，0 = 不相邻	—
内生紧密型嵌入	—	—	弱关系联结，1 = 相邻，0 = 不相邻	—
其他解释变量				

续表

变量及构成	均值	标准差	变量说明及赋值	权重（变异系数）
①自然资本	0.016	0.014		
B_8 耕地面积	16.986	52.336	实际面积/亩	0.144
B_9 农地细碎化	0.375	0.279	1/地块数量	0.035
②金融资本	0.021	0.046		
B_{10} 家庭年收入	94507.210	177809.600	家庭总收入/元	0.089
B_{11} 贷款	0.126	0.333	1=有，0=无	0.125
B_{12} 亲友借款	0.202	0.402	1=有，0=无	0.094
B_{13} 政府补贴	0.076	0.266	1=有，0=无	0.165
③ 物质资本	0.023	0.009		
B_{14} 住房类型	3.725	0.593	1=土木房，2=砖木房，3=砖瓦房，4=砖混房	0.007
B_{15} 住房层数	2.262	0.687	1=1层，2=2层，3=3层，4=4层，5=5层以上	0.014
B_{16} 生产工具/农具	3.945	3.738	按照拥有小型收割、喷雾等农机数量	0.044
B_{17} 交通工具	1.361	0.920	1=小汽车，0.5=电动车或摩托车	0.032
④ 人力资本	0.018	0.014		
B_{18} 家庭劳动力数	3.387	1.642	1=成年劳动力，0.3=12~15岁未成年劳动力	0.023
B_{19} 家庭劳动受教育程度	8.972	5.562	1=小学以下，2=小学，3=初中，4=高中，5=大专及以上，由家庭劳动力受教育程度评分加总而得	0.029
B_{20} 家庭非农就业人数	0.678	1.088	人数/人	0.075
控制变量				—
年龄	45.695	9.338	具体年龄	—
外出务工经验	0.529	0.499	1=有，0=无	—
合作社成员	0.217	0.413	1=有，0=无	—
农业技术培训经历	0.486	0.500	1=有，0=无	—

第 7 章

社会资本嵌入对农民收入增长的
影响：实证研究

前文提出了农民个体社会资本与收入增长关系的概念模型，并通过理论推导得出二者关于内部规模经济以及外部规模经济形成的相关观点和研究假说，为了证实理论观点和研究假说，本书采用了基于连续变量的条件过程分析模型、通用嵌套空间模型及其退化模型以及基于多分类变量的条件过程分析模型来验证上述研究假说与概念模型。

7.1 个体社会资本自我嵌入影响农民收入增长的内部资源配置效应

本小节使用的社会资本变量包括结构型社会资本和关系型社会资本，结构型社会资本包括表征社会网络异质性的职业种类、网络顶端资源的职业层次以及与网络成员交往深度的认识时间、交往频率、亲密程度、熟悉程度和信任程度。

采用哈耶斯（2013）提供的 PROCESS v3.0 对条件过程分析中的中介效应和调节效应进行分析，由于社会资本变量是自变量的同时也是中介变量，哈耶斯在 PROCESS 程序中并未提供直接的分析过程，因此在使用 PROCESS 分析程序的基础上，参照温忠麟（2004）的因果逐步回归检验程序，先对社会资本通过生计资本影响农民收入增长的中介效应进行分析，再对社会资本作为生计资本收入效应的调节变量进行调节效应分析，得出关于社会资本影响农民收入增长的资源配置效应。

7.1.1 社会资本通过生计资本影响农民收入增长的中介效应

7.1.1.1 依次回归分析及 Sobel 验证结果

依据依次回归的检验一般过程为：第一，检验系数 c 是否显著，如果 c 显著，依次检验系数 a_i 和系数 b_i；第二，若 a_i、b_i 都显著，检验系数 c_1'，若 c_1' 显著，则中介效应显著且为部分中介，若 c_1' 不显著，则为完全中介效应；第三，若 a_i、b_i 至少有一个不显著，则无法直接判断中介效应是否成立，需要进一步做索贝尔检验，如果索贝尔检验显著，则中介效应成立，若检验不显著，中介效应不成立。

依次回归分析结果如表 7 - 1 所示。

分别对社会资本→自然资本→农民收入、社会资本→金融资本→农民收入、社会资本→物质资本→农民收入以及社会资本→人力资本→农民收入四条路径进行分析，本书首先验证了结构型社会资本对农民收入的影响路径，结果发现：在结构型社会资本→自然资本→农民收入的路径中，结构型资本对自然资本有着显著的正向影响，影响系数 a_1 为 0.199，即农民社会关系网络资源的异质性越强，网络顶端资源越高，越容易使农民获得土地等自然资本开展适度规模及集中化经营。这也验证了金迪、蒋剑勇（2014）等人关于社会资本有助于农业生产经营性资源的获取的观点。农地是农民开展农业生产的基础，也是农民收入增长的重要源泉。自然资本（土地规模及集中化经营）对农民收入亦有显著的正向影响，影响系数 b_1 为 4.146，农民拥有的自然资本对农民收入有着正向影响。结构型社会资本影响农民收入的直接效应显著，其系数 c_1' 为 0.994，总效应系数 c 为 1.819。因此，结构型社会资本通过自然资本影响农民收入的中介效应成立。由于结构型社会资本影响农民收入的直接效应也显著，因此，自然资本在结构型社会资本影响农民收入的过程中，存在着部分中介作用。部分中介效应与总效应的占比为45.36%（45.36% = 0.199 ×4.146/1.819），即社会资本在作用于农民收入增长的过程中，有54.64%

表7—1　社会资本通过生计资本影响农民收入增长中介效应的依次回归结果

因变量	社会资本→自然资本→农民收入		社会资本→金融资本→农民收入		社会资本→物质资本→农民收入		社会资本→人力资本→农民收入		
	自然资本	农民收入	金融资本	农民收入	物质资本	农民收入	人力资本	农民收入	农民收入
常数	0.016*** (3.690)	-0.140*** (-4.556)	-0.031** (-2.192)	-0.227*** (-8.276)	0.015*** (5.744)	-0.167*** (-6.514)	0.025*** (6.064)	-0.205*** (-7.967)	-0.201*** (-8.1645)
结构型社会资本	0.199*** (2.925)	1.819*** (3.680)	-0.024 (-0.105)	0.977** (2.220)	0.220*** (5.342)	1.568*** (3.823)	-0.118* (-1.747)	0.994** (2.419)	0.972** (2.379)
关系型社会资本	-0.107 (-1.450)	1.084** (2.030)	0.302 (1.262)	1.740*** (3.701)	-0.028 (-0.619)	1.452*** (3.190)	-0.197*** (-2.725)	1.526*** (3.468)	1.490*** (3.423)
自然资本	—	—	0.319** (1.941)	4.373*** (13.523)	0.104*** (3.345)	4.417*** (14.274)	-0.029 (-0.572)	4.146*** (13.668)	4.140*** (13.669)
金融资本	0.030* (1.941)	0.838*** (7.405)	—	—	0.035*** (3.618)	0.802*** (8.439)	-0.004 (-0.259)	0.712*** (7.624)	0.711*** (7.624)
物质资本	0.270*** (3.345)	3.732*** (6.362)	0.947*** (3.618)	3.286*** (6.377)	—	—	0.195** (2.427)	2.612*** (5.340)	2.647*** (5.457)
人力资本	-0.029 (-0.572)	0.057 (0.153)	-0.043 (-0.259)	0.148 (0.451)	0.077** (2.427)	0.380 (1.204)	—	0.179 (0.583)	—
年龄	-0.006 (-1.357)	0.015 (0.497)	0.012 (0.877)	0.048* (1.760)	-0.001 (-0.407)	0.037 (1.385)	0.002 (0.558)	0.039 (1.543)	0.040 (1.562)
外出务工经验	0.001 (0.688)	0.027** (2.497)	0.014*** (2.853)	0.032*** (3.445)	0.000 (-0.112)	0.022** (2.442)	0.001 (0.373)	0.023** (2.558)	0.023 (2.572)
合作社成员	-0.001 (-0.800)	0.002 (0.153)	0.020*** (3.636)	0.022** (2.019)	0.000 (0.292)	0.009 (0.793)	-0.005*** (-3.178)	0.008 (0.741)	0.007** (0.658)
农业培训经历	-0.007*** (-5.111)	-0.010 (-0.971)	-0.003 (-0.569)	0.018* (1.937)	0.003*** (3.728)	0.028*** (3.234)	-0.004*** (-2.955)	0.020** (2.294)	0.019*** (2.234)
R^2	0.147	0.332	0.123	0.482	0.179	0.516	0.117	0.550	0.549

注：*、**、***分别代表10%、5%、1%的显著性水平。括号内的值为t统计量。
资料来源：本表数据根据问卷调研情况整理而得。

直接作用于农民收入提升，45.36%的社会资本首先提升了农地规模和集中性经营，从而形成农地适度规模经济，或采用集中生产降低了农业经营成本，从而提升农民收入，具体如图7-1所示。

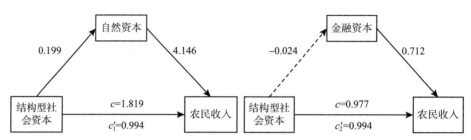

图7-1　社会资本→自然资本→农民收入（左）和社会资本→金融资本→农民收入（右）

注：实线表示在低于或等于10%显著性水平下影响显著，虚线表示影响不显著。
资料来源：本图数据根据问卷调研情况整理而得。

在结构型社会资本→金融资本→农民收入的路径中，结构型社会资本对农民金融资本的积累并无显著影响，即系数 a_2 不显著。在征信制度及体系尚未完善的中国农村市场，社会资本对农户正式信贷获得的作用并不明显。这一结论与万（Van，2000）、纳拉扬和普里切特（Narayan & Pritchett，1999）等人关于社会资本有助于金融资本获取、提升信贷可得性的结论有差别。多数学者认为社会资本提升金融资本的可得性是基于西方国家的研究。与西方发达资本主义国家不同的是，中国的个人征信系统尚未完备，信用贷款在农业领域尚未展开，农民在正式信贷市场中需要固定资产作为抵押物或有固定收入和资产的人为其进行担保从而取得信用贷款，以增加生产经营所需的投入资金。当前农户信誉、信任等尚未纳入正式信贷市场的获取条件，抵押贷款仍占据主导地位。加上农地产权缺失的实际，农民社会资本增加也难以增加金融机构的贷款支持，这也是农民融资难与融资贵的根本原因。因此社会资本对农户获取正式信贷资金的作用并不明显。当前，正式信贷市场在农村的覆盖率逐渐增加，正式信贷的市场机制作用也逐渐凸显。农民生产投入资金一般需要通过正式信贷市场获得，加上当前国家抑制"摆酒席"等不良风气，社会资本这一非市场机制对农户金融资本获得的效果可能有限。另外，在现行银行金融制度体系下，贷款担保人在借款人无法偿还的情况下同样承担还款义务。因此，在社会网络关系不是特强的情况下，以异质性和网络顶端资源为代表的结构型社会资本不足以使农民依靠亲友担保获得农业贷款。农民生产资金匮乏，是制约农户发展和农业经济增长的重要因素。在金融资本影响农民收入增长的路径中，金融资本对农民收入增长有着显著的正向影响，其影响系数 b_2 为 0.712，即金融资本每增长 1 单位，农民收入增加 0.712 单位；结构型社会资本影响农民收入增长的直接效应 c'_2 为 0.994，总效应 c 系数为 0.977，结果显著。因此，在结构型社会资本通过金融资本影响农民收入增长的路径中，a_2 不显著、b_2 显著、c'_2 也显著。根据温忠麟（2004）对中介效应检验的程序可知，若 a_i、b_i 至少有一个不显著，则需要做 Sobel 检验，若检验显著，则中介效应显著；若检验不显著，中介效应不显著。将 a_2 与 b_2 的系数与标准误输入索贝尔检验表格进行检验，结果索贝尔 Z 值为 −0.105，小于 1.96 的临界值。因此，结构型社会资本→金融资本→农民收入的中介效应路径不显著，这一中介效应不成立，如图 7-1 所示。

在结构型社会资本→物质资本→农民收入的路径中，结构型社会资本对农民物质资本有着显著的正向影响，其影响系数 a_3 为 0.220，即农民社会关系网络的异质性和网络顶端资源越丰富，农民越容易获得农业生产所需的物质资本。农业生产互助以及农业生产的社会化发展使得农民不需要购置生产所需的所有物质资本，广泛而异质的社会关系网络使农民更容易获得相应的社会化生产服务，使农业生产变得更为轻松且易于开展。另外，农民若自身拥有物质资本，社会关系网络也有助于其开展社会化服务，这为农机、农资等物质资本的合理充分利用提供了可能，为农民收入增长提供更为广阔的空间。这一结论也支持了雷诺兹（Reynolds，2007）、李敏（2007）、路慧玲（2014）等人关于社会资本有助于农民获取物质资本的研究结论。农民物质资本对农民收入增长存在显著的正向影响，其影响系数 b_3 为 2.612，表明农户物质资本的丰裕有助于农民收入增长，并且有可能实现物质资本规模报酬递增效应。结构型社会资本对农民收入有显著的直接影响，其影响系数 c'_3 为 0.994，总效应 c 为 1.568。结构型社会资本通过物质资本间接影响农民收入的中介效应为部分中介，中介效应与总效应的占比为 36.65%（36.65% =

0.220×2.612/1.568），中介效应成立，如图7-2所示。

在结构型社会资本→人力资本→农民收入的路径中，结构型社会资本对农户人力资本有着显著的负向影响，影响系数 a_4 为 -0.118。这与多数学者论述的社会资本有助于农村剩余劳动力的转移，以及在此过程中在城市进行非农就业的职业选择相同，社会资本的异质性和网络顶端资本越强，农民非农就业过程就越顺利，也越有可能获得高薪职业。对于农业生产而言，结构型社会资本引发农业劳动力的非农转移导致农业劳动力不足，有可能导致农民进行兼业经营或者非农产业经营，从而导致农民收入结构的改变，即增加非农就业收入和减少农业生产经营收入。另外，农民的人力资本对农民收入增长呈现不显著的正向效应，系数 b_4 为 0.179。在传统农业向现代农业转型的过程中，农业发展对农业劳动力的依赖程度显然有所降低，农业效率的增长更多地依靠以资本投资为特征的机械化生产。结构型社会资本对农民收入增长影响的直接效应 c_4' 为 0.994，总效应 c 为 0.972。社会资本通过人力资本影响农民收入增长路径的 a_4 显著、b_4 不显著、c_4' 显著，因此，需要进一步使用索贝尔检验法对结构型社会资本影响农民收入增长的中介效应进行检验，检验结果的索贝尔 Z 值为 -0.5531，小于5%水平下1.96的临界值，因此社会资本通过人力资本影响农民收入增长的中介效应不成立，如图7-2所示。

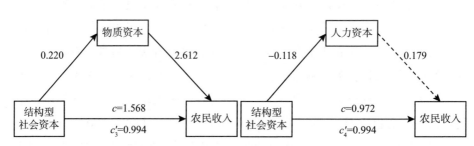

图7-2　社会资本→物质资本→农民收入（左）和社会资本→人力资本→农民收入（右）

注：实线表示在低于或等于10%显著性水平下影响显著，虚线表示影响不显著。
资料来源：本图数据根据问卷调研情况整理而得。

因此，在农民个体拥有的社会资本中，结构型社会资本对自然资本、物质资本有着部分的中介作用，社会资本通过生计资本作用于农民收入增长的路径表述为以下三种。

第一，社会资本→农民收入。

第二，社会资本→自然资本→农民收入。

第三，社会资本→物质资本→农民收入。

社会资本→金融资本→农民收入以及社会资本→人力资本→农民收入之间不存在中介效应，具体如图 7 - 3 所示。

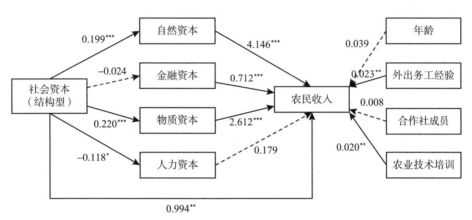

图 7 - 3　社会资本影响农民收入增长的直接效应和中介效应

注：实线表示在低于或等于 10% 显著性水平下影响显著，虚线表示影响不显著；＊、＊＊、＊＊＊分别代表 10%、5%、1% 的显著性水平。

资料来源：本图数据根据问卷调研数据计算而得。

7.1.1.2　中介效应的 Bootstrap 验证

为进一步证明上述关于社会资本通过其他生计资本对农民收入增长影响产生的中介效应，本书采用普里彻（Preacher，2007）和哈耶斯（Hayes，2013）提出的自助抽样检验方法进行检验。表 7 - 2 显示了 SPSS 应用 PROCESS Version 3.0 插件（Hayes，2013）模型结果和自助抽样检验（Bootstrap）中介效应检验结果。在 95% 的置信区间下，设置重复抽样为 5000 次，将条件值设为均值及正负一个标准差（ - 1SD，Mean，＋1SD），得出结果如表 7 - 2 所示。由表 7 - 2 可知，结构型社会资本通过自然资本、物质资本影响农民收入的直接效应、间接效应和总效应；在 95% 的置信水平下，上下限区间（ULCI

和 LLCI) 均不包含 0，表明直接效应、间接效应与总效应显著。但结构型社会资本通过金融资本、人力资本的中介效应的上下限区间均包含 0，表明这两个作用渠道的中介效应不显著，分析结果进一步验证了依次回归分析的结果。

表 7-2　　社会资本影响农民收入增长中介效应的自助抽样（Bootsrtap）检验结果

结构型社会资本→自然资本→农民收入			
	效应系数	标准误	置信下限	置信上限
总效应	1.819	0.494	0.847	2.791
直接效应	0.994	0.411	0.186	1.801
间接效应	0.826	0.406	0.129	1.688
结构型社会资本→金融资本→农民收入			
	效应系数	标准误	置信下限	置信上限
总效应	0.977	0.440	0.112	1.842
直接效应	0.994	0.411	0.186	1.801
间接效应	-0.017	0.147	-0.307	0.272
结构型社会资本→物质资本→农民收入			
	效应系数	标准误	置信下限	置信上限
总效应	1.568	0.410	0.762	2.375
直接效应	0.994	0.411	0.186	1.801
间接效应	0.575	0.159	0.296	0.909
结构型社会资本→人力资本→农民收入			
	效应系数	标准误	置信下限	置信上限
总效应	0.972	0.409	0.169	1.776
直接效应	0.994	0.411	0.186	1.801
间接效应	-0.021	0.047	-0.144	0.050

资料来源：本表数据根据问卷调研数据计算而得。

同时，本书也采用相同方法测算了社会资本中的关系型社会资本，通过其他生计资本对农民收入的影响，发现关系型社会资本对农民收入影响并不存在中介效应。

7.1.2 社会资本对生计资本的收入效应的调节作用

7.1.2.1 结构型社会资本的调节效应

本书采用依次回归分析法对社会资本调节生计资本的收入效应进行分析，结果如表7-3所示。由表7-3结果可知，社会资本对自然资本、金融资本、物质资本均存在显著的正向调节作用，其调节系数分别为224.127、48.271以及200.794。显然，结构型社会资本的增加，会促进自然资本、金融资本以及物质资本的收入效应，结构型社会资本对自然资本及物质资本收入效应的调节作用明显大于金融资本的收入效应。结构型社会资本对农户人力资本起着负向的调节作用，这与多数学者论证的社会资本对农业劳动力的非农转移过程中的就业选择起关键作用有着相同的结论。同时，该结论也验证了结构型社会资本所促进的生产社会化减轻了农业经营对农业劳动力的依赖作用。农业生产更多依赖于以资本投入为基础的机械化生产。

表7-3　　　　　社会资本对生计资本收入效应的调节作用

因变量	农民收入	农民收入	农民收入	农民收入
常数	-0.113 *** (-4.959)	-0.150 *** (-5.949)	-0.124 *** (-5.280)	-0.201 (-8.159)
结构型社会资本	0.852 ** (2.263)	1.046 *** (2.650)	1.106 *** (2.749)	1.070 (2.647)
关系型社会资本	1.559 *** (3.870)	1.139 *** (2.662)	1.505 *** (3.498)	1.687 (3.879)
自然资本	2.354 *** (6.798)	3.709 *** (12.318)	3.680 *** (11.663)	4.236 (14.153)
金融资本	0.669 *** (7.800)	0.698 *** (7.775)	0.718 *** (7.862)	0.663 (7.137)
物质资本	2.042 *** (4.510)	2.758 *** (5.859)	2.480 *** (5.175)	2.864 (5.897)

因变量	农民收入	农民收入	农民收入	农民收入
人力资本	0.020 (0.070)	0.174 (0.589)	0.012 (0.041)	0.077 (0.252)
结构型社会资本 * 自然资本	224.127 *** (8.665)			
结构型社会资本 * 金融资本		48.271 *** (5.751)		
结构型社会资本 * 物质资本			200.794 *** (4.320)	
结构型社会资本 * 人力资本				− 111.232 (− 3.748)
年龄	0.046 * (1.951)	0.036 (1.453)	0.043 * (1.732)	0.050 (1.978)
外出务工经历	0.028 *** (3.442)	0.020 ** (2.397)	0.023 *** (2.714)	0.020 (2.328)
合作社成员	0.000 (− 0.025)	− 0.003 (− 0.333)	0.008 (0.828)	0.008 (0.745)
农业技术培训	0.018 ** (2.226)	0.014 * (1.654)	0.019 ** (2.225)	0.022 (2.549)
R^2 改变	0.075	0.036	0.224	0.165

注：*、**、*** 分别代表 10%、5%、1% 的显著性水平；括号内的值为 t 统计量；R^2 表示拟合优度。

资料来源：本表数据根据问卷调研数据计算而得。

结构型社会资本对自然资本、金融资本、物质资本以及人力资本的调节效应如图 7 - 4 所示。

从自然资本对农民收入的影响来看，高水平的结构型社会资本下的自然资本收入效应显然要比低水平的结构型社会资本下的自然资本收入效应的效率要高，结构型社会资本对金融资本与物质资本的调节也有相同的趋势。社会资本对人力资本的收入效应而言，低水平的结构型社会资本下的人力资本对农民收入的影响为正，但高水平的结构型社会资本下的人力资本对农民收入（农业生产经营性收入）的影响为负。社会资本的异质性及顶端资源对于农民的农业与非农收入结构的改变起着关键作用。

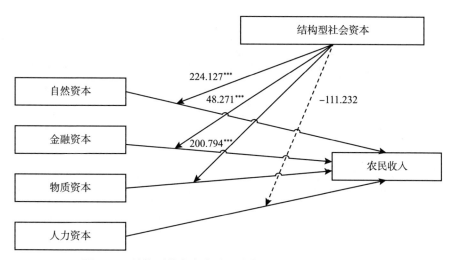

图 7 – 4 结构型社会资本对生计资本收入效应的调节作用

注：*、**、***分别代表10%、5%、1%的显著性水平；实线表示在低于或等于10%显著性水平下影响显著，虚线表示影响不显著。

资料来源：本图数据根据问卷调研数据计算得出。

7.1.2.2 关系型社会资本的调节效应

同样采用依次回归分析法对关系型社会资本对生计资本收入效应的调节机制进行分析，结果如表 7 – 4 所示。关系型社会资本对自然资本以及物质资本的收入效应起着显著的正向调节作用，而对金融资本及人力资本的收入效应起着不显著的正向调节作用，农户与其社会网络成员间信任程度、熟悉程度、亲密程度与交往频率的增加，有助于农地经营效益的增长以及农业生产物资的充分利用，增进农地资源以及农业物质资本的收入效应。

表7-4　　　　　关系型社会资本对生计资本收入效应的调节作用

因变量	农民收入	农民收入	农民收入	农民收入
常数	-0.084 *** (-4.237)	-0.142 *** (-6.638)	-0.092 *** (-4.513)	-0.153 *** (-7.464)
结构型社会资本	1.345 *** (3.448)	0.880 ** (2.106)	1.111 *** (2.740)	0.977 ** (2.360)
关系型社会资本	1.443 *** (3.481)	1.487 *** (3.379)	1.732 *** (3.968)	1.551 *** (3.468)
自然资本	3.706 *** (12.68)	4.141 *** (13.671)	3.965 *** (13.108)	4.154 *** (13.635)
金融资本	0.724 *** (8.23)	0.693 *** (7.35)	0.722 *** (7.848)	0.714 *** (7.622)
物质资本	2.210 *** (4.762)	2.675 *** (5.454)	2.568 *** (5.334)	2.608 *** (5.323)
人力资本	0.261 (0.903)	0.177 (0.579)	0.141 (0.468)	0.189 (0.612)
关系型社会资本*自然资本	237.223 *** (7.088)			
关系型社会资本*金融资本		12.402 (1.427)		
关系型社会资本*物质资本			179.519 *** (3.683)	
关系型社会资本*人力资本				10.949 (0.327)
年龄	0.044 * (1.822)	0.041 (1.612)	0.036 (1.412)	0.040 (1.548)
外出务工经历	0.017 ** (1.993)	0.022 ** (2.524)	0.023 *** (2.654)	0.023 ** (2.538)
合作社成员	0.007 (0.668)	0.007 (0.639)	0.002 (0.190)	0.008 (0.768)
农业技术培训	0.017 ** (2.062)	0.020 ** (2.307)	0.016 ** (1.913)	0.020 ** (2.296)
R^2 改变	0.052	0.002	0.015	0.000

注：*、**、***分别代表10%、5%、1%的显著性水平。括号内的值为t统计量。R^2表示拟合优度。

资料来源：本表数据根据问卷调研数据计算得出。

　　关系型社会资本对自然资本、金融资本、物质资本以及人力资本收入效应的调节作用如图7-5所示，实线表示显著的调节作用，虚线表示不显著的调节作用。数值表示关系型社会资本每增加一个标准差，各生计资本影响农民收入增长的系数改变。＊为显著性水平标志。

　　观察自然资本以及物质资本的收入效应发现，高水平关系型社会资本下的自然及物质资本影响农民收入的斜率要显著大于低水平关系型社会资本下的自然及物质资本影响农民收入的斜率。而高水平关系型社会资本下金融资本影响农民收入的斜率与低水平关系型社会资本下的金融资本影响农民收入的斜率变化不大。可以说，农民关系型社会资本的增加和与亲友、邻里等建立密切、信任、熟悉等关系，对农民收入增长有益而无害，只是在位置上有所增加，人力资本影响农民收入的斜率亦然。

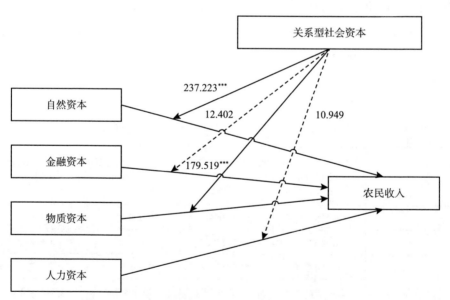

图7-5　关系型社会资本对生计资本收入效应的调节作用

　　注：＊、＊＊、＊＊＊分别代表10％、5％、1％的显著性水平；实线表示在低于或等于在10％显著性水平下影响显著，虚线表示影响不显著。

　　资料来源：本图数据根据问卷调研数据计算得出。

7.1.3 社会资本影响农民收入增长过程中的条件过程分析

对结构型社会资本而言，由于社会资本（结构型）→自然资本→农民收入路径中的中介路径后半段的调节效应显著，因此社会资本（结构型）→自然资本→农民收入路径中有调节的中介效应成立，根据有调节的中介效应公式 $M_i = a_i * (b_i + c'_{2i}X)$ 以及有调节的直接效应公式 $X = c'_1 + c'_{2i}M_i$ 进行计算，有调节的中介效应为 $0.199 \times (4.146 + 224.127X)$，有调节的直接效应为 $0.994 + 224.127M_i$；同理，社会资本（结构型）→物质资本→农民收入路径中有调节的中介效应为 $0.220 \times (2.612 + 200.794X)$，有调节的直接效应为 $0.994 + 200.794M_i$。尽管社会资本（结构型）对金融资本的收入效应有显著的调节作用，但是社会资本（结构型）→金融资本→农民收入的中介效应不成立，因此该路径有调节的中介效应也不成立；社会资本（结构型）→人力资本→农民收入路径中的中介效应与调节效应均不显著，因此该路径有调节的中介效应仍旧不成立，具体如表 7-5 所示。

表 7-5   社会资本影响农民收入增长过程中的条件过程分析效应

过程 系数	社会资本（结构型） →自然资本 -农民收入	社会资本（结构型） →金融资本 -农民收入	社会资本（结构型） →物质资本 -农民收入	社会资本（结构型） →人力资本 -农民收入
a_i	0.199***	-0.024	0.220***	-0.118*
b_i	4.146***	0.712***	2.612***	0.179
c'_1	0.994***	0.994***	0.994***	0.994***
c'_{2i}	224.127***	48.271***	200.794***	-111.232
有调节的中介效应	$0.199 \times (4.146 + 224.127X)$	—	$0.220 \times (2.612 + 200.794X)$	—
有调节的直接效应	$0.994 + 224.127M_i$	—	$0.994 + 200.794M_i$	—

注：*、**、*** 分别代表10%、5%、1%的显著性水平。

资料来源：本表数据根据问卷调研数据计算得出。

7.1.4　内生性检验

上述的研究基于社会资本具有有别于其他生计资本的无形性、使用非排他性以及边际效益递增性等特征，将社会资本作为自变量与配置和调节其他生计资本的变量结合分析影响农民收入增长的机理和渠道。为了进一步验证社会资本影响农民收入增长的机理和效应，避免变量之间内生型交互的问题，本书使用工具变量法来进行进一步的验证。选择"您是否经常与其他砂糖橘种植农户探讨种植经验、交流技术或提供帮助？"（1＝不交往，2＝偶尔交往，3＝一般，4＝经常交往，5＝频繁交往）作为个体社会资本的替代变量。这一替代变量的数值越高，认为农民个体社会资本越丰裕。使用替代变量分析的结果依然支持了上述的研究结果，表明上述研究结果可信。

7.1.5　小结

本部分在对广西 397 家砂糖橘种植农户调研数据分析的基础上，利用 SPSS 软件以及 PROCESS V3.0 插件，对社会资本通过生计资本作用于农民收入增长的中介效应以及社会资本对生计资本收入效应的调节作用进行了实证研究。这一条件过程分析对我们理解社会资本影响农民收入增长的资源配置效应所形成的内部规模经济具有重要作用。

总体而言，社会资本构成中的结构型社会资本通过自然资本与物质资本部分中介作用于农民收入增长，即社会资本通过增加农户的自然资本与物质资本禀赋作用于农民收入增长；与此同时，结构型社会资本对自然资本、金融资本以及物质资本均有着显著的正向调节作用，即结构型社会资本同时对自然资本、金融资本以及物质资本的收入效应具有正向的促进作用，提升自然资本、金融资本及物质资本的产出效率。

对第 5 章提出的假说 H1a、H1b、H2a、H2b、H3a、H3b、H4a、H4b 进行验证的结果归纳如表 7-6 所示。

表7-6   研究假说检验结果

编号	假说内容	检验结果
假说 H1a	社会资本通过形成农地规模及集中性经营进而对农民收入产生正向影响	部分支持
	结构型社会资本通过形成农地规模及集中性经营对农民收入产生间接正向影响	显著支持
	关系型社会资本通过形成农地规模及集中性经营对农民收入产生间接正向影响	不支持
假说 H1b	社会资本正向调节土地资源的收入效应	支持
	结构型社会资本正向调节土地资源的收入效应	显著支持
	关系型社会资本正向调节土地资源的收入效应	显著支持
假说 H2a	社会资本通过增加农户的金融资本进而对农民收入产生正向影响	不支持
	结构型社会资本通过增加农户的金融资本进而对农民收入产生正向影响	不支持
	关系型社会资本通过增加农户的金融资本进而对农民收入产生正向影响	不显著支持
假说 H2b	社会资本正向调节金融资本的收入效应	支持
	结构型社会资本正向调节金融资本的收入效应	显著支持
	关系型社会资本正向调节金融资本的收入效应	不显著支持
假说 H3a	社会资本作用于物质资本进而对农民收入产生间接的影响	部分支持
	结构社会资本作用于物质资本进而对农民收入产生正向的影响	显著支持
	关系型社会资本作用于物质资本进而对农民收入产生正向的影响	不支持
假说 H3b	社会资本提升物质资本的收入效应	支持
	结构型社会资本提升物质资本的收入效应	显著支持
	关系型社会资本提升物质资本的收入效应	显著支持
假说 H4a	社会资本通过促使农业劳动力向非农转移从而对农民收入产生影响	部分支持
	结构型社会资本通过促使农业劳动力非农转移从而对农民收入产生影响	不显著支持
	关系型社会资本通过促使农业劳动力非农转移从而对农民收入产生影响	不显著支持
假说 H4b	社会资本抑制人力资本的收入效应	不支持
	结构资本抑制人力资本的收入效应	不显著支持
	关系资本抑制人力资本的收入效应	不支持

注：显著支持表示影响方向与研究假说相同且影响显著；不显著支持是指影响方向与假说相同但影响不显著；不支持是指影响方向相反；支持与部分支持是考虑结构型社会资本与关系型社会资本影响的综合结论。

个体层面社会资本自我嵌入通过对自然资本、物质资本等产生配置作用以及对自然资本、金融资本、物质资本产生调节作用直接或间接地对农民收入产生影响，这一结论是对可持续生计理论和集体行动理论的进一步深化。可持续生计理论认为，社会资本作为生计资本是影响农民生计活动和生计结果的一个重要因素。但实际研究结果发现，社会资本不仅作为影响农民生计活动即生计结果的直接因素，更是作为间接因素对除社会资本外的其他生计资本起着配置和调节作用。社会资本丰裕的农户，农民的集体行动对其自然资本、物质资本的相互配置和协调起着关键作用。因此，相对于个体单独行动而言，农民的集体行动的绩效是明显的，这一结论也验证和深化了集体行动理论的内容。

7.2 个体社会资本他人嵌入影响农民收入增长的外部空间溢出效应

7.2.1 研究说明

在本小节中，使用通用嵌套空间模型及其退化模型，探讨相邻农户社会资本影响农民收入增长的空间溢出效应。

在当前"乡土中国"的社会情境下，农民收入增长除了与自身资本禀赋与知识结构有着较大关联外，也可能与相邻的其他农户有着紧密关联。古语有云："近朱者赤，近墨者黑。"与农户相邻的其他农户的生计资本及收入状况是否对农户产生一定的影响？这一影响效应是否随着农户相邻距离的变化而变化？在以"乡域"和"村域"为范围的乡村振兴战略中，究竟应着眼于"乡域"还是"村域"范围？理论上，在当前"乡政村治"的格局下，村域范围的农户间有着紧密关联。相比于同村农民，不同村的同乡农民间的联系就弱化了。相邻农户距离和范围的变化，也在一定程度上表征了农户所面临的社会结构和环境的变化。

探讨和解决以上问题，对于本书理解个体社会资本以及其他农民个体生计资本所形成的社会结构和环境对农民收入所产生的外部规模效应具有重要意义。

在变量的使用和设置上，本节大部分沿用了上一节内容的被解释变量、主要解释变量、其他解释变量和控制变量。与上一节相区别的是，为探讨社会资本对农民收入增长的空间溢出效应，本节增加了空间权重矩阵（详见模型设置部分）。

W_{ij}为空间权重矩阵，

$$W_{ij} = \begin{cases} 1 & \text{当农户 } i \text{ 和农户 } j \text{ 同村相邻或同乡（镇）相邻} \\ 0 & \text{当农户 } i \text{ 和农户 } j \text{ 不相邻} \end{cases}$$

对空间矩阵进行标准化转换，其含义是考察相邻农户社会资本及其他生计资本对农民收入增长空间溢出的均值影响。

7.2.2 通用嵌套空间模型计量结果

基于式（6-10）和式（6-11），建立截面数据模型，并利用 MATLAB R2019a 和极大似然法估算了研究区域砂糖橘种植农户社会资本对农民收入增长的影响，结果如表7-7所示。

通用嵌套空间模型结果如表7-7中的第2列所示。结果显示，除人力资本外，结构型社会资本、关系型社会资本、自然资本、金融资本及物质资本均对农民收入有着显著的正向影响，其影响系数分别为1.895、0.944、4.423、0.560及2.918。人力资本对农民收入呈现不显著的负向影响。究其原因，农业劳动力越多、受教育程度越高、非农就业人数越多的家庭可能更易于选择兼业化的经营活动或者选择非农经营，从而有利于非农经营收入的增长而不利于农业生产经营收入的增长。同村相邻农户的关系型社会资本及自然资本对农民收入存在不同方向及程度的空间溢出效应。其中，同村相邻农户的关系型社会资本对农户收入产生正向影响，其影响系数为1.067，即同村相邻农户间频繁交往、相互信任、熟悉及亲密的社会关系对农户收入产

表7-7 社会资本影响农民收入增长估计结果

	GNSM	SAC	SDM	SDEM	SAR	SXL	SEM	NSM
常数项	-0.142*** (-6.093)	-0.160*** (-7.436)	-0.168*** (-7.243)	-0.145*** (-6.429)	-0.165*** (-8.484)	-0.141*** (-6.559)	-0.171*** (-8.228)	-0.168*** (-8.619)
结构型社会资本	1.895*** (3.614)	1.571*** (3.184)	1.877*** (3.295)	1.909*** (3.659)	0.803** (1.940)	1.884*** (3.448)	1.342** (2.823)	0.874** (2.122)
关系型社会资本	0.944* (1.866)	1.194** (2.502)	1.360*** (2.752)	1.004** (2.074)	1.637*** (3.810)	0.850* (1.709)	1.220** (2.573)	1.712*** (3.957)
自然资本	4.423*** (14.720)	4.444*** (14.862)	4.443*** (12.713)	4.410*** (14.804)	3.881*** (12.534)	4.476*** (14.415)	4.461*** (14.959)	3.965*** (13.461)
金融资本	0.560*** (5.738)	0.607*** (6.406)	0.605*** (5.879)	0.570*** (6.000)	0.741*** (8.139)	0.562*** (5.653)	0.612*** (6.443)	0.762*** (8.309)
物质资本	2.918*** (6.149)	2.931*** (6.185)	3.140*** (6.299)	2.872*** (6.113)	2.794*** (5.805)	2.807*** (5.903)	3.183*** (6.979)	2.846*** (5.872)
人力资本	-0.109 (-0.332)	-0.042 (-0.131)	-0.001 (-0.004)	-0.096 (-0.293)	0.001 (0.002)	-0.074 (-0.217)	-0.023 (-0.072)	0.019 (0.063)
W*结构型社会资本	-1.137 (-1.335)	—	-1.302 (-1.500)	-1.165 (-1.334)	—	-1.175 (-1.484)	—	—
W*关系型社会资本	1.067* (1.668)	—	0.474 (0.730)	0.930 (1.576)	—	1.062* (1.892)	—	—

续表

	GNSM	SAC	SDM	SDEM	SAR	SXL	SEM	NSM
W*自然资本	-2.490*** (-3.170)	—	-0.489 (-0.761)	-2.309*** (-3.255)	—	-2.829*** (-4.668)	—	—
W*金融资本	0.406 (1.317)	—	0.837*** (3.241)	0.522** (2.486)	—	0.549*** (3.006)	—	—
W*物质资本	-1.021 (-0.919)	—	-0.096 (-0.081)	-0.674 (-0.725)	—	-0.407 (-0.470)	—	—
W*人力资本	0.708 (1.201)	—	-0.301 (-0.505)	0.606 (1.051)	—	0.547 (1.065)	—	—
ρ	0.100 (0.499)	-0.172* (-1.694)	-0.236* (-1.938)	—	0.086 (1.310)	—	—	—
λ	0.210 (1.037)	0.539*** (7.426)	—	0.251*** (2.882)	—	—	0.466 (7.196)	—
R^2	0.579	0.585	0.545	0.579	0.522	0.569	0.522	0.528
Sig	0.005	0.005	0.006	0.005	0.006	0.006	0.006	0.006
LnL	475.100	604.040	605.07	612.390	588.990	471.740	588.990	450.390

注：R^2 为拟合优度，Sig 为随机扰动项方差估计值，LnL 为对数似然值。*、**、***分别代表 10%、5%、1% 的显著性水平。括号内的值为 t 统计量。GNSM 为通用嵌套空间模型，SAC 为空间自相关模型，SDM 为空间杜宾模型，SDEM 为空间杜宾误差模型，SAR 为空间滞后模型，SXL 为空间滞后 X 模型，SEM 为空间误差模型，NSM 为普通最小二乘模型。

资料来源：本表数据根据问卷调研情况整理得出。

生正向"共赢"的空间溢出效应；同村相邻农户的自然资本对农民收入产生负向的空间溢出效应，其影响系数为 -2.490，即同村相邻农户的农地规模化及集中性种植行为对资源产生"吸虹效应"，从而导致相邻农户收入下降，产生收入的"挤压效应"。

表7-7的第3~9列显示了通用嵌套空间模型的各种退化模型的分析结果，退化的 SDEM、SXL 模型均不同程度地验证了上述关于关系型社会资本产生"共赢"效应以及自然资本产生"挤压"效应的结论。同时，SDM、SDEM 和 SXL 模型还显示了相邻地区农户的金融资本对农户收入存在正向的空间溢出效应；SAC 及 SDM 模型 ρ 系数分别为 -0.172 和 -0.236，表明了相邻地区其他农户的收入对农户收入产生"挤压效应"；SAC 及 SDEM 模型的 λ 系数分别为 0.539 和 0.251 且影响显著，表明存在其他未知因素对农民收入产生影响。

上述研究表明，农民收入受到其自身所拥有的生计资本禀赋的直接影响，同时也受到相邻其他农户的生计资本、收入或其他未知因素的空间溢出影响。各模型对影响农民收入增长的空间溢出效应均有判断，为判别上述模型结果的合理性，需要对以上模型进行遴选，以正确研判农民收入增长的影响因素来源。

7.2.3 模型遴选与结果讨论

本书首先采用变量显著性原则对模型进行初步筛选，再利用似然比检验（LR 检验）法对其退化模型进行遴选。参照郭志仪等人（2020）关于空间模型的遴选方法，采用目标模型与参照模型进行比较，并以 LR 统计量中偏离卡方分布临界值的远近来判断二者的相对优良性，具体如图7-6所示。以 NSM 与 SAR 模型遴选为例，设定原假设和备择假设分别为：$H_0: \rho = 0$，$H_1: \rho \neq 0$。

检验统计量：$LR_{NSM \to SAR} = -2 \times [(\ln L)_{NSM} - (\ln L)_{SAR}] \sim \chi^2(1)$

检验结果判断：若 $LR_{NSM \to SAR} \geq \chi^2(1)$，拒绝原假设，选择 SAR 模型；若 $LR_{NSM \to SAR} < \chi^2(1)$，接受原假设，选择 NSM 模型。

其中，*LR* 表示似然比检验值，Ln*L*（log-likelihood）为各模型的对数似
然值。

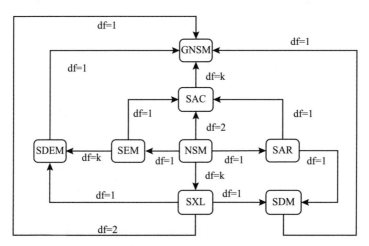

图 7 - 6　通用嵌套空间模型及其退化模型关系（b）

注：df 为自由度，依据本书变量选取；k = 6。

　　根据变量显著性原则，SAR 模型中的 ρ 与 SEM 模型中的 λ 均不显著，因
此将这两个模型剔除，最优模型在 SAC、SDM、SDEM 和 SXL 模型中筛选。
一方面，鉴于 SDM、SDEM 与 SXL 模型的联系（如图 7 - 6 所示），将 SDM、
SDEM 模型与 SXL 模型对比，分别采用 LR 检验式对其进行计算，并以 LR 统
计量偏离卡方分布临界值的远近来判断二者的相对优良性。结果为 $LR_{SXL \to SDM} =$
$-2[(\text{Ln}L)_{SXL} - (\text{Ln}L)_{SDM}] = -2(471.74 - 605.07) = 266.66$，$LR_{SXL \to SDEM} =$
$-2[(\text{Ln}L)_{SXL} - (\text{Ln}L)_{SDEM}] = -2(471.74 - 612.39) = 281.2$，分别偏离给定
1% 显著性水平下自由度为 1 的卡方分布临界值（6.63）260.03 和 274.57，
表明 SDM 模型和 SDEM 模型均优于 SXL 模型，同时 SDEM 模型优于 SDM 模型。
另一方面，鉴于 SDEM、SAC 模型与 SEM 模型的关系，将三者比较进行优选。
采用上述方法，可得出 $LR_{SEM \to SDEM} = -2[(\text{Ln}L)_{SEM} - (\text{Ln}L)_{SDEM}] = -2(588.99 -$
$612.39) = 46.8$，$LR_{SEM \to SAC} = -2[(\text{Ln}L)_{SEM} - (\text{Ln}L)_{SAC}] = -2(588.99 -$
$604.04) = 30.1$，分别偏离 1% 显著性水平下自由度为 6 及自由度为 1 的卡

方分布临界值 29.99 和 23.46，表明 SDEM 模型与 SAC 模型均优于 SEM 模型，同时 SDEM 模型要优于 SAC 模型。因此，鉴于以上比较，在通用嵌套空间模型的退化模型中，遴选 SDEM 模型作为分析社会资本对农民收入增长影响的最优模型。从模型估计的拟合优度较高（0.579）和随机扰动项的方差估计较小（0.005）的原则出发，也可以得到空间杜宾误差模型（SDEM）更为合理和更具说服力的结论。

因此式（6-10）和（6-11）退化到空间杜宾误差模型（SDEM）的形式，模型表达式为：

$$Y_i = \alpha + X_j \beta_k + \theta_k W_{ij} X_j + \mu \qquad (7-1)$$

$$\mu = \lambda W_{ij} \mu + \varepsilon \qquad (7-2)$$

式（7-1）与式（7-2）中，λ 表示随机扰动项的空间依赖，表示其他未知因素对农户收入的影响，θ_k 代表相邻其他农户 j 的相应生计资本对农户 i 收入的空间溢出效应。模型结果如表 7-7 第 5 列所示。

空间杜宾误差模型（SDEM）分析结果显示，除人力资本外，结构型社会资本、关系型社会资本、自然资本、金融资本以及物质资本对农民农业生产经营性收入显著正相关。这表明这些资本均能促进农民农业生产经营性收入增长，人力资本对农民生产经营性收入有着负向影响，但不显著。该结论与通用嵌套空间模型及其他退化模型相同。

随机扰动项的空间回归系数 λ 为 0.251，在 1% 的水平下显著，表明随机扰动项存在显著的空间依赖性，存在其他未知因素影响农民收入。从空间系数 θ 来看，结构型社会资本对农民收入的影响为负，而关系型社会资本对农民收入的影响为正，接近 10% 的显著性水平。考虑 GNSM 与 SXL 模型关于关系型社会资本对农民收入的空间溢出效应在 10% 显著性水平下的分析结果。本书认为，关系型社会资本在一定程度上（不稳定显著水平）对农户收入产生正向的空间溢出效应，即农户间频繁交往、相互熟悉、信任及亲密等社会关系对农民收入增长具有促进作用。这也验证了杜尔拉夫（Durlauf，2002）关于社会资本产生外生交互效应的研究结论。但相邻农户收入水平对农民收入影响的内生交互效应不大，这与杜尔卡夫（Durlauf，2002）关于收入的内生效应的研究结论有差别，中国农业市场范围广阔，区域市场并非封闭状态，因此相邻农民之间的收入并未受到内生的空间挤压。

自然资本的空间溢出效应为 -2.309，表明同村相邻其他农户的农地规模及集中化经营行为对农民收入产生负向的收入"挤压效应"，农地的规模化及集中性经营产生"吸虹效应"，农业资本区域集聚呈现不平衡发展的"极化效应"。另外，金融资本对农民收入增长的空间溢出效应系数为 0.522，表明同村相邻其他农户金融资本的改善有助于农民收入增长，这一结论与吉索（Guiso, 2004）的结论相似。因为吉索认为，高信任的国家或者地区可能促使农户更多的使用正规金融渠道获得资金投入生产经营，并有利于提升经营绩效。其他生计资本的空间溢出效应不显著。生计资本对农民收入的空间溢出效应表明，尽管农民个人所拥有的社会资本对相邻农户收入产生的交互作用尚不十分明显，但嵌入社会结构及环境中的农民生产经营性收入却与社会关系中的其他成员有着紧密关联。

7.2.4　稳健性检验及进一步讨论

为了进一步验证社会资本影响农民收入增长的空间溢出效应，本书将相邻农户的空间范围扩大，假设同乡（镇）的农户为相邻农户，则需探讨更大范围的同乡（镇）社会资本对农民收入的影响，以验证随着距离的增加，农户间相互影响的空间溢出差异。为此，将同乡（镇）相邻农户空间权重赋值为 1，采用上述遴选的空间杜宾误差模型（SDEM）进行再次测算，结果如表 7-8 所示。农户结构型社会资本及关系型社会资本均对其收入产生直接的正向影响，这也验证了上述结论。

表 7-8　　社会资本影响农民收入增长的村域及乡（镇）域比较分析

	常数项	结构型社会资本	关系型社会资本	自然资本	金融资本	物质资本	人力资本
同村相邻	-0.145 *** (-6.429)	1.909 *** (3.659)	1.004 ** (2.074)	4.410 *** (14.804)	0.570 *** (6.000)	2.872 *** (6.113)	-0.096 (-0.293)
同乡相邻	-0.149 *** (-6.257)	1.766 *** (3.351)	1.349 *** (2.909)	4.575 *** (14.478)	0.598 *** (6.247)	3.031 *** (6.374)	-0.159 (-0.469)

续表

	Lambda(λ)	W * 结构型社会资本	W * 关系型社会资本	W * 自然资本	W * 金融资本	W * 物质资本	W * 人力资本
同村相邻	0.251 *** (2.882)	−1.165 (−1.334)	0.930 (1.576)	−2.309 *** (−3.255)	0.522 ** (2.486)	−0.674 (−0.725)	0.606 (1.051)
同乡相邻	0.37 *** (4.510)	−1.385 (−1.284)	0.030 (0.040)	−1.751 *** (−3.289)	0.493 * (1.838)	0.385 (0.245)	0.123 (0.169)

注：*、**、***分别代表10%、5%、1%的显著性水平。括号内的值为 t 统计量。
资料来源：本表数据根据问卷调研数据计算得出。

分析结果显示，同村相邻与同乡（镇）相邻其他农户的结构型社会资本对农民收入的空间溢出效应差异不大，但关系型社会资本空间溢出效应系数及 t 统计量有所降低，表明农户相距距离越大，其社会关联度越低，即空间溢出效应下降。观察其他生计资本的空间溢出结果发现，同乡（镇）相邻其他农户的自然资本依然对农民收入产生显著的负向"挤压效应"，其系数为−1.751，同乡（镇）其他农户的金融资本对农户收入有着显著的正向影响，造成这种情况可能的原因是，乡镇范围内融资能力的提升，有利于乡镇整体经济的发展，为农户进行农业生产经营创造了有利条件，也为农产品提供了良好的销售市场，从而提升农民收入。以上结论证明了农民收入受到来自乡村其他农户及经营主体的资本空间溢出影响，这一空间溢出效应随着距离的增加而逐渐减弱。

从系数 λ 来看，随机扰动项的空间回归系数依然显著，这进一步验证了上述存在未知因素影响农民收入的结论。因此本书在分析各生计资本对农民收入的影响的基础上，纳入个体特征（包括年龄、是否外出打工、是否接受农业技术培训以及是否为合作社成员）来进一步探讨农民收入增长的影响因素，结果发现农民外出务工经历、接受农业技术培训经历对农民收入有着显著的正向影响（5%的显著性水平下），其影响系数分别为 0.020 和 0.0196。农民外出务工经历可能为农民带来更为广泛的社会资本进而促进农民收入增长。对农民进行农业技术培训改善了农民的人力资本，同时也为农民结识

"农业伙伴"提供了交流平台。

7.2.5 小结

基于397户农户的调研数据，使用通用嵌套空间模型及其退化模型，对社会资本影响农民收入增长的空间溢出效应进行分析，研究结论总结如下。

首先，农民个体结构型社会资本及关系型社会资本对农民收入增长有着显著的直接影响；关系型社会资本对农民收入增长存在不稳定显著水平的空间溢出效应。农户所拥有的自然资本、金融资本及物质资本均对其收入增长起着显著的直接促进作用，但农户人力资本（劳动力数量、劳动力教育程度以及非农就业人数）的提升对农民生产经营性收入产生不显著的负向影响，可能有助于促进农民实施兼业化经营，促进农民非农收入的提升。

其次，不同的社会结构及环境对农民收入增长影响有着显著差异。嵌入社会结构中的农民生产经营性收入受到同村及同乡（镇）相邻其他农户的影响。相邻其他农户的自然资本（土地规模及集中化经营）对农民收入形成一定程度的挤压，土地规模及集中经营具备空间集聚效应。相邻其他农户整体金融资本的提升有助于农民收入增长，乡村金融环境的改善为农户提供良好的农业经营环境。同村相邻农户生计资本对农民收入空间溢出效应大于同乡（镇）相邻，相邻农户自然资本及金融资本对农民收入增长的空间溢出效应随着距离和范围的增加而减弱。

最后，包含社会资本在内的生计资本并不是影响农民收入增长的唯一因素，可能还存在其他未知因素对农民收入产生影响，进一步的研究表明农民外出务工经历及接受农业技术培训经历对农民收入产生显著的正向影响，外出务工经历可能有助于农民扩展社交网络、增强社会资本，对农民进行农业技术培训增强了农民的职业技能，也可能因此为农民社会资本的增加提供新的平台。

对假说H5、H6、H7、H8进行验证的结果归纳如表7-9所示。

表7-9　　　　　　　　　　　研究假说检验结果

编号	假说内容	检验结果	结论
假说H5	社会资本若是"互助"或"共享"可能产生"1+1>2"的空间溢出效应；社会资本若是"互斥"则可能形成"1+1<2"的空间溢出效应		支持
	结构型社会资本的空间溢出效应	负向，不显著	
	关系型社会资本的空间溢出效应	正向，显著	
假说H6	相邻农户的生计资本（即自然、金融、物质和人力资本）的他人嵌入可能产生不同程度或不同方向的空间溢出效应		支持
	相邻农户自然资本对农民收入的空间溢出	负向，显著	
	相邻农户金融资本对农民收入的空间溢出	正向，显著	
	相邻农户物质资本对农民收入的空间溢出	负向，不显著	
	相邻农户人力资本对农民收入的空间溢出	正向，不显著	
假说H7	区域内农产品的同质竞争造成市场竞争，产生农民收入的"此消彼长"关系		部分支持
假说H8	资本对农民收入的空间溢出效应随着距离的增加而不断减弱		支持
假说H9	有待下一步验证		

农民个体社会资本他人嵌入影响农民收入增长的空间溢出结论证明了资本若是"互助"或"共享"可能形成"1+1>2"的效果，社会资本若是"互斥"则可能产生"1+1<2"的空间溢出效应。这一结论是对规模经济理论的验证和进一步深化。规模经济理论中的外部规模经济理论认为，行业整体环境的变化给个体企业的经营绩效带来正向的影响，且不需要个体企业额外付出成本，则称之为外部经济。相邻农户的关系型社会资本以及金融资本丰裕对农户个体的收入效应产生正向影响，是外部经济的体现；而相邻农户的自然资本对农民收入增长产生的负向溢出，是外部不经济理论的验证；资本对农民收入的空间溢出效应随着距离的增加而不断减弱，则是对区域经济学中的中心地理论的进一步验证。

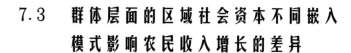

7.3 群体层面的区域社会资本不同嵌入模式影响农民收入增长的差异

在农业现代化进程中，新经营主体的乡村嵌入对传统农户的影响成为 2014 年农地"三权分置"政策提出后人们关注的焦点，学术界也从不同角度探讨了新经营主体对小农户的带动作用。既有的研究偏重于分析在新经营主体带动下农户发展的具体做法以及政策环境，对其如何及通过何种渠道带动的内在影响机制的研究尚十分缺乏。与国外规模经营主体相区别的是，我国新经营主体的乡村入驻开展农业经营与所在村庄有着不可分割的联系，一部分新经营主体内生成长于乡村内部，与村庄有着天然紧密的关联，有着充足的农村社会资源基础；另一部分来源于乡村外部，与乡村联系相对松散，缺乏农村社会资源基础但对农村社会资源扩展起着纽带的作用。内生成长型与外源嵌入型的新经营主体与乡村产生不同关联所形成各具特征的区域乡村社会资本对农民成长的带动作用和影响作用，解析不同嵌入模式下社会资本影响农民收入增长的内在机理和动力机制，对有效发挥新经营主体对农户的带动作用，促使小农户有机衔接现代农业，具有重要的指导作用。

7.3.1 区域社会资本嵌入不同模式变量设置

区域社会资本的设置是依据农户所在村庄是否存在外来的或内生成长的农业新型经营主体（如家庭农场、合作社、农业公司、农业联合体等）。定义 1 为无（低）嵌入，表明既没有内生成长的也没有外源嵌入的农业新型经营主体，该类村庄的种植模式是农户分散化的小规模种植，劳动力以外出打工为主；2 为内生紧密型嵌入，表明农户所在村庄存在内生成长的农业新型经营主体；3 为外源松散型嵌入，表明农户所在村庄存在外来的农业新型经营主体。无（低）嵌入、内生紧密型嵌入以及外源松散型嵌入表征区域社会资本的三种嵌入模式。由于此时社会资本为多类型的分类变量，因此在分析时采用产生虚拟变量的方式对不同模式嵌入类型的社会资本进行处理，即分析无（低）嵌入状态时，将无（低）嵌入状态变量设置为1，其他模式设置为0；分析内生紧密型嵌入模式时，将内生紧密型嵌入设置为1，其他模式为0；分析外源松散型嵌入模式时，将外源松散型嵌入设置为1，其他模式为0，由此产生三列虚拟变量。

由于区域社会资本的变量为三种类型的多分类变量，因此使用多分类变量的条件过程分析模型来分析与无（低）嵌入状态相比，区域社会资本的外源松散型嵌入与内生紧密型嵌入在影响农民收入增长的资源融合效应的差异，以解析群体层面的区域外部社会资本对农民内部资源配置和融合形成交叉效应对农民收入产生的影响，解释外部社会资本内化配置农民资源所形成的交叉效应。

7.3.2　社会资本不同嵌入模式影响农民收入增长差异的分析结果

7.3.2.1　社会资本不同嵌入模式影响农民收入增长的中介效应

采用多分类变量的条件过程分析模型对无（低）嵌入、内生紧密型嵌入、外源松散型嵌入的社会资本对农民收入增长的影响进行分析，结果如表7-10所示。

（1）社会资本不同嵌入模式对农民自然资本的配置差异。对于农民而言，土地资源是农民的农业生产得以进行的重要自然资本。相对于社会资本无（低）嵌入的传统农村而言，外源松散型嵌入的社会资本通过促使农民土地等自然资本的增加进而增加农民收入。造成这种情况可能的原因是，外来经营主体的乡村入驻开展农地的规模经营，一般都是选择农民利用程度较低的山地、坡地或者荒地进行，以增加农地的集中性程度以及减少租赁合同的谈判阻力。外来新经营主体对土地的开发和利用为当地农民提供了榜样，农民也可能在附近或者利用自有的原未用或低效利用的土地开展农业经营。因此，外源嵌入型的社会资本对农民土地资源的综合利用有着正向的影响，这与张晓山（2009）、陈靖（2018）等人关于新经营主体嵌入

表 7-10　　社会资本通过生计资本影响农民收入增长的中介效应

因变量	社会资本→自然资本	社会资本→自然资本→农民收入		社会资本→金融资本	社会资本→金融资本→农民收入		社会资本→物质资本	社会资本→物质资本→农民收入		社会资本→人力资本	社会资本→人力资本→农民收入	
	自然资本	农民收入	农民收入	金融资本	农民收入	农民收入	物质资本	农民收入	农民收入	人力资本	农民收入	农民收入
常数项	0.013*** (3.997)	-0.135*** (-6.578)	-0.076*** (-3.033)	-0.016 (-1.478)	-0.135*** (-6.578)	-0.144*** (-6.746)	0.017*** (8.672)	-0.135*** (-6.578)	-0.087*** (-4.445)	0.016*** (4.941)	-0.135*** (-6.578)	-0.139*** (-6.973)
外源松散型嵌入	0.005*** (2.992)	-0.013 (-1.391)	0.007 (0.644)	-0.012** (-2.423)	-0.013 (-1.391)	-0.020** (-2.063)	0.002** (1.753)	-0.013 (-1.391)	-0.008 (-0.844)	0.000 (-0.201)	-0.013 (-1.391)	-0.013 (-1.384)
内生紧密型嵌入	-0.003 (-1.390)	0.044*** (3.569)	0.031** (2.056)	0.027*** (4.246)	0.044*** (3.569)	0.060*** (4.758)	0.003** (2.487)	0.044*** (3.569)	0.053*** (4.160)	0.005** (2.240)	0.044*** (3.569)	0.043*** (3.510)
自然资本		4.429*** (14.509)		0.450*** (2.858)	4.429*** (14.509)	4.699*** (14.863)	0.135*** (4.235)	4.429*** (14.509)	4.802*** (15.451)	-0.015 (-0.296)	4.429*** (14.509)	4.432*** (14.530)
金融资本	0.046*** (2.858)	0.600*** (6.151)	0.804*** (6.704)		0.600*** (6.151)		0.033*** (3.174)	0.600*** (6.151)	0.690*** (6.882)	-0.018 (-1.118)	0.600*** (6.151)	0.604*** (6.206)
物质资本	0.328*** (4.235)	2.762*** (5.808)	4.214*** (7.301)	0.777*** (3.174)	2.762*** (5.808)	3.228*** (6.570)		2.762*** (5.808)		0.144** (1.816)	2.762*** (5.808)	2.730*** (5.768)
人力资本	-0.015 (-0.296)	-0.225 (-0.739)	-0.291 (-0.772)	-0.177 (-1.118)	-0.225 (-0.739)	-0.331 (-1.042)	0.059* (1.816)	-0.225 (-0.739)	-0.063 (-0.198)		-0.225 (-0.739)	
控制变量	已控制	已控制	已控制	已控制	已控制	已控制	已控制	已控制	已控制	已控制	已控制	已控制
R^2	0.401	0.743	0.554	0.446	0.743	0.712	0.370	0.743	0.716	0.323	0.743	0.742

注：*、**、***分别代表10%、5%、1%的显著性水平。括号内的值为 t 统计量。

资料来源：本表数据根据同卷调研数据计算得出。

乡村与农户产生"共生"关系的结论类似。农地资源的增加对于农民收入增长而言，有着重要的自然资源基础。在中介效应的后半段，自然资本对农民收入增长有着显著的正向影响，系数为 4.429。外源松散型嵌入的社会资本对农民收入影响的直接效应不显著，因此外源松散型嵌入的社会资本对农民收入增长的影响为完全的中介效应。

内生紧密型嵌入对农户土地资源的影响不显著，但对农民收入增长有着显著的正向直接影响，系数为 0.044，因此内生紧密型嵌入对农民的土地资源没有显著的配置作用。

总的来看，与无（低）嵌入状态相比，外源松散型嵌入的社会资本通过自然资本影响农民收入增长的中介效应显著增高 0.020，总效应提高 0.007；内生紧密型嵌入的社会资本通过自然资本影响农民收入增长的中介效应没有显著提升反而略有降低，但对农民收入增长的直接效应提高 0.044，总效应提高 0.031。直接效应和总效应对比分析的拟合优度分别上升 0.024 和 0.008，表明内生紧密型和外源松散型嵌入下的社会资本对农民收入增长的影响与无（低）嵌入状态的农民收入增长效应更为可信。

（2）社会资本不同嵌入模式对农民金融资本的配置差异。对于金融资本而言，外源松散型嵌入与内生紧密型嵌入的社会资本均对农民金融资本有着显著的配置作用，但配置方向相反。与无（低）嵌入状态的乡村相比，外源松散型嵌入的社会资本入驻乡村可能对乡村金融资本产生"挤压"效应。一般而言，外来经营主体采取适度规模经营的方式，在农业贷款获取、农业补贴政策倾斜方面均具有优势，在额度或者名额有限的情况下，涉农相关的金融支持较易被外来的新经营主体占据，从而挤压农民的金融资本。这一结论支持了贺雪峰（2015）等人的观点，即新经营主体的乡村入驻可能与农户抢占资源市场，对农户发展产生负面影响。外源松散型嵌入的社会资本对农民收入增长的直接效应不显著。因此，外源松散型嵌入的社会资本通过金融资本对农民收入增长的影响为完全中介效应，即外源嵌入型社会资本通过减少农民的金融资本进而降低农民收入。

与外源松散型嵌入的社会资本不同的是，内生紧密型嵌入则对农民金融资本有着正向的影响进而影响农民收入。造成这种情况可能的原因是，村庄内部成长起来的农业大户数量越多并形成村庄整体规模经营状态，会吸纳金融贷款及政策向村庄倾斜，这与农业贷款偏向一些已具备典型特色的乡村倾斜的实际相符。与无（低）嵌入状态相比，内生紧密型嵌入对农民金融资本的显著影响系数为 0.027，金融资本对农民收入也有着显著的正向影响，其系数为 0.600。因此，内生紧密型嵌入的社会资本通过配置金融资本影响农民收入增长的中介效应占总效应的 27%（0.27 = (0.027 × 0.600)/0.060），为部分中介作用。内生紧密型嵌入的社会资本对农民收入增长的直接影响也十分显著，影响系数为 0.044，即内生紧密型嵌入的社会资本也有助于农民收入的直接提升。

总体而言，外源松散型嵌入的社会资本对农民金融资本的影响呈现负向的"挤压"效应，而内生紧密型嵌入的社会资本对农民金融资本则有着"共赢"的吸纳效果。这表明新经营主体进驻乡村，对农民是一把"双刃剑"，而与农民产生紧密地衔接，就可以化解这一"双刃剑"的弊害。从拟合优度的调整来看，与无（低）嵌入状态相比，外源松散型与内生紧密型嵌入的社会资本对农民收入增长影响的直接效应与总效应分析的拟合优度分别上升 0.024 和 0.053，这表明内生及外源嵌入状态下的分析结果比无（低）嵌入状态下的分析结果可信度更高。

（3）社会资本不同嵌入模式对农民物质资本的配置差异。对于物质资本而言，外源松散型嵌入与内生紧密型嵌入的社会资本均对农民物质资本有着显著的正向配置作用，即不管是外源松散型嵌入还是内生紧密型嵌入，均有助于提升农民的物质资本进而提升农民收入。与无（低）嵌入状态相比，外源松散型嵌入的社会资本对农民物质资本的影响系数为 0.002，鉴于其对社会资本对农民收入增长的直接效应不显著，外源松散型嵌入的社会资本通过物质资本影响农民收入体现为完全的中介作用。

内生紧密型嵌入的社会资本对农民物质资本的影响系数为 0.003，其对农民收入增长也有着显著的正向直接影响，影响系数为 0.044，因此内生紧密型嵌入的社会资本通过物质资本影响农民收入体现为部分中介作用，与总效应的占比为 15.6%（= 0.003 × 2.762/0.053 × 100%）。

造成这种情况可能的原因是，外源及内生的社会资本嵌入更有利于农民综合利用农资和农机具，在农业生产中开展和使用社会化服务。这一结论支持了李耀峰、张余慧（2020）等人关于新经营主体对农民产生强有力带动的结论。这一带动更多的来自于新经营主体为农户提供社会化生产服务，或与农民开展土地托管等合作，降低了农业生产成本，提升了农业生产效率，弥补了小农户无法购买大型农机具的缺陷，使得小农户也能共享现代农业的生产方式，也使得现代农机具的拥有者更有效地开展专业化的服务，提升农业的分工水平，从而提升土地的利用效率、劳动生产率以及资源利用率，提升农业收入水平。

从拟合优度的改变来看，与无（低）嵌入状态相比，社会资本的内生及外生嵌入状态下的农民收入的直接效应与总效应分析拟合优度分别上涨 0.024 和 0.030，表明嵌入状态下的农民收入效应分析更为可信。

（4）社会资本不同嵌入模式对农民人力资本的配置差异。就农民的人力资本而言，外源松散型嵌入的社会资本对农民人力资本提升没有显著影响，其系数接近 0。外源嵌入的社会资本与农民之间基本上是劳动力临时雇佣或者与少部分家庭相对长期的劳动雇佣关系。外来经营主体与被雇佣的农民劳动者之间较少有经营技术或者管理经验上的交流，农民只能从其从事的劳动中获取有限的经验和知识。对于农民而言，这一简单的劳动无法让农民掌握整体的种植技术和经营管理知识，从而无法有效复制外来经营者的经营模式。

而同村成长起来的内生紧密型嵌入的社会资本对农民收入有着显著的直接影响，并对农民人力资本的提升有着显著影响，其影响系数为 0.005。同村农民之间的信任度、交往频率以及熟悉程度均较高，农民之间通过平常交流、技术交流、经验请教或者亲临观摩学习，甚至是手把手地亲临指导等方式获取种植或经营知识。毫无经营管理经验的农民通过这些渠道也较易掌握相关知识，从而有效复制成功经营者的经营模式。因此，内生紧密型嵌入相比于无（低）嵌入和外源松散型嵌入更有助于农民人力资本的提升。另外，外源松散型与内生紧密型嵌入的社会资本有可能为农民提供更多的就业机会，农民可以通过提供劳动力资源获取务工收入，从而改变农民的农业与非农收入结构。若农民将更多的时间用于提供劳动力而非专注于农业生产，则有可能降低农业生产经营收入水平。人力资本对农民生产经营性收入的影响有可能呈现不显著的负向影响。因此，嵌入型社会资本通过人力资本影响农民收入增长的中介效应不成立。

从拟合优度看，与无（低）嵌入状态相比，嵌入型社会资本通过人力资本对农民收入影响的直接效应与总效应分析在拟合优度上均上升了0.024，表明这一分析结果可信，具体如表7-11所示。

表7-11　　　不同嵌入模式下社会资本影响农民收入增长效应差异

			效应	标准差	LLCI	ULCI	R^2 改变
社会资本→自然资本→农民收入	相对总效应	外源松散型嵌入	0.007	0.011	-0.015	0.030	0.008
		内生紧密型嵌入	0.031	0.015	0.001	0.061	
	相对直接效应	外源松散型嵌入	-0.013	0.009	-0.031	0.005	0.024
		内生紧密型嵌入	0.044	0.012	0.020	0.068	
	相对中介效应	外源松散型嵌入	0.020	0.007	0.006	0.035	
		内生紧密型嵌入	-0.013	0.012	-0.042	0.005	
社会资本→金融资本→农民收入	相对总效应	外源松散型嵌入	-0.020	0.010	-0.039	-0.001	0.053
		内生紧密型嵌入	0.060	0.013	0.035	0.085	
	相对直接效应	外源松散型嵌入	-0.013	0.009	-0.031	0.005	0.02
		内生紧密型嵌入	0.044	0.012	0.020	0.068	
	相对中介效应	外源松散型嵌入	-0.007	0.004	-0.015	-0.001	
		内生紧密型嵌入	0.016	0.007	0.005	0.030	
社会资本→物质资本→农民收入	相对总效应	外源松散型嵌入	-0.008	0.010	-0.027	0.011	0.030
		内生紧密型嵌入	0.053	0.013	0.028	0.078	
	相对直接效应	外源松散型嵌入	-0.013	0.009	-0.031	0.005	0.024
		内生紧密型嵌入	0.044	0.012	0.020	0.068	
	相对中介效应	外源松散型嵌入	0.005	0.003	0.000	0.011	
		内生紧密型嵌入	0.009	0.004	0.002	0.018	
社会资本→人力资本→农民收入	相对总效应	外源松散型嵌入	-0.013	0.009	-0.031	0.005	0.024
		内生紧密型嵌入	0.043	0.012	0.019	0.067	
	相对直接效应	外源松散型嵌入	-0.013	0.009	-0.031	0.005	0.024
		内生紧密型嵌入	0.044	0.012	0.020	0.068	
	相对中介效应	外源松散型嵌入	0.000	0.001	-0.001	0.001	
		内生紧密型嵌入	-0.001	0.002	-0.005	0.002	

资料来源：本表数据根据问卷调研数据计算得出。

以上分析表明，社会资本的不同嵌入模式对农民生计资本的配置作用是有差异的。与社会资本的无（低）嵌入状态相比，外源松散型嵌入与内生紧密型嵌入的社会资本对农民自然资本、金融资本、物质资本以及人力资本的配置方向及配置程度均有差异，若要提高农民收入，应针对实际情况对不同嵌入模式下的社会资本扩展采用差异化措施。

7.3.2.2 社会资本不同嵌入模式影响农民收入增长的调节效应

社会资本对生计资本收入效应的调节作用如图7-7所示，外源松散型嵌入与内生紧密型嵌入的社会资本均对生计资本有着不同程度的调节作用。

在自然资本影响农民收入增长的过程中，外源松散型嵌入与内生紧密型嵌入的社会资本对自然资本的收入效应均有着显著的负向调节作用，其调节系数分别为 -4.286 和 -1.131，具体如图7-7所示。造成这种情况可能的原因是，尽管外源与内生嵌入的社会资本为农民进行农地适度规模利用提供了示范和榜样的力量，促使农民对闲置土地、抛荒土地进行再开发利用，但新开发的土地资源与原有的精细化耕作的土地相比，产出率相对较低。嵌入型社会资本在村庄内的入驻往往通过多方面考察和精细化选址，占据了先入为主的区位和市场优势，土地规模及集中化经营对周边的农地收入产生"吸虹效应"，小农户的模仿效果可能不那么理想。

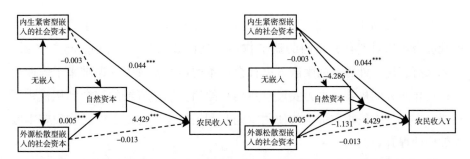

图7-7 社会资本通过自然资本影响农民收入的中介效应（左）及调节效应（右）

注：*、**、***分别代表10%、5%、1%的显著性水平；实线表示显著影响，虚线表示不显著影响；双实线为显著调节效应，双虚线为不显著调节效应。

资料来源：本图数据根据问卷调研数据计算得出。

在金融资本影响农民收入增长的过程中，外源松散型嵌入的社会资本对农民金融资本的收入效应有着显著的正向调节作用，调节系数为0.772，具体如图7-8所示。内生紧密型嵌入的社会资本对农民金融资本的收入效应的调节作用并不明显。造成这种情况可能的原因是，外来新经营主体的乡村入驻给农民的农业生产经营以启发和示范作用，促使农民对其自身拥有的金融资本的投资领域和投资方向进行调整，将金融资本用于更有利于收入增长的高效产出领域，或是外来经营主体的乡村入驻提升了乡村农民的农业经营环境和市场环境，提升了农民金融资本的收入效应。

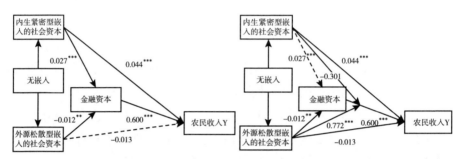

图7-8　社会资本通过金融资本影响农民收入的中介效应（左）及调节效应（右）

注：＊、＊＊、＊＊＊分别代表10%、5%、1%的显著性水平；实线表示显著影响，虚线表示不显著影响；双实线为显著调节效应，双虚线为不显著调节效应。

资料来源：本图数据根据问卷调研数据计算得出。

对于农民物质资本的收入效应而言，外源松散型嵌入及内生紧密型嵌入的社会资本均对其有着正向的调节作用，具体如图7-9所示。与无（低）嵌入状态相比，外源及内生嵌入型社会资本的增加不仅为农民带来了农业生产社会化服务的机会，也为农民自身拥有的物质生产资料的综合利用提供了机遇，增加了农民物质资本的使用空间和利用效率，促进了农民物质资本收入效应的提升。

外源松散型嵌入的社会资本对农民人力资本的收入效应起着负向的调节作用，调节系数为-1.303，具体如图7-10所示。而内生紧密型嵌入的社会资本对农民人力资本的调节作用则不明显。外来经营主体的乡村入驻，为广大农民提供了长期或者临时的就业机会，增加了农民的务工性收入，以务工为主的兼业农民在农业生产领域的投入时间较少，因此农业收入会降低。

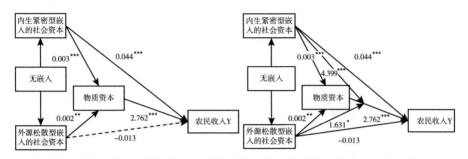

图7-9 社会资本通过物质资本影响农民收入的中介效应（左）及调节效应（右）

注：﹡、﹡﹡、﹡﹡﹡分别代表10%、5%、1%的显著性水平；实线表示显著影响，虚线表示不显著影响；双实线为显著调节效应，双虚线为不显著调节效应。

资料来源：本图数据根据问卷调研数据计算得出。

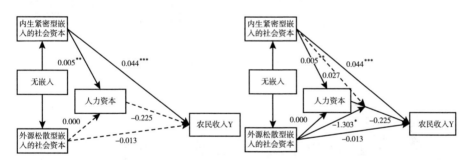

图7-10 社会资本通过人力资本影响农民收入的中介效应（左）及调节效应（右）

注：﹡、﹡﹡、﹡﹡﹡分别代表10%、5%、1%的显著性水平；实线表示显著影响，虚线表示不显著影响；双实线为显著调节效应，双虚线为不显著调节效应。

资料来源：本图数据根据问卷调研数据计算得出。

7.3.2.3 社会资本不同嵌入模式影响农民收入增长的条件过程分析

根据有调节的中介效应计算公式 $M_i = a_i \times (b_i + c'_{2i}X)$ 以及有调节的直接效应计算公式 $X = c'_1 + c'_{2i}M_i$ 进行计算，外源松散型嵌入的社会资本通过自然资本、金融资本、物质资本影响农民收入增长的有调节的中介效应分别为：$0.005 \times (4.429 - 1.131X)$、$-0.012 \times (0.6 + 0.772X)$、$0.002 \times (2.762 + 1.631X)$（此处的 X 是指外源松散型嵌入的社会资本），内生紧密型嵌入的社会资本对自然资本以及物质资本影响农民收入增长过程的调节效应分别为 $0.044 - 4.286M_i$、$0.044 + 4.339M_i$，内生紧密型嵌入的社会资本通过物质资本影响农民收入增长过程中有调节的中介效应为 $0.003 \times (2.762 + 4.339X)$（此处的 X 指内生紧密型嵌入的社会资本）。具体如表 7 – 12 所示。

表 7 – 12　　　　　　　社会资本不同嵌入模式下的条件过程分析

社会资本系数	社会资本（结构型）→自然资本→农民收入		社会资本（结构型）→金融资本→农民收入		社会资本（结构型）→物质资本→农民收入		社会资本（结构型）→人力资本→农民收入	
	外源松散型嵌入	内生紧密型嵌入	外源松散型嵌入	内生紧密型嵌入	外源松散型嵌入	内生紧密型嵌入	外源松散型嵌入	内生紧密型嵌入
a_i	0. 005 ***	– 0. 003	– 0. 012 **	0. 027 ***	0. 002 ***	0. 003 ***	0. 000	0. 005 **
b_i	4. 429 ***	4. 429 ***	0. 600 ***	0. 600 ***	2. 762 ***	2. 762 ***	– 0. 225	– 0. 225
c_1'	– 0. 013	0. 044 ***	– 0. 013	0. 044 ***	– 0. 013	0. 044 ***	– 0. 013	0. 044 ***
c_{2i}'	– 1. 131 *	– 4. 286 ***	0. 772 ***	– 0. 301	1. 631 ***	4. 339 ***	– 1. 303 *	0. 027
有调节的中介效应	0. 005 × (4. 429 – 1. 131X)	—	– 0. 012 × (0. 6 + 0. 772X)	—	0. 002 × (2. 762 + 1. 631X)	0. 003 × (2. 762 + 4. 339X)	—	—
有调节的直接效应	—	0. 044 – 4. 286M_i	—	—	—	0. 044 + 4. 339M_i	—	—

注：* 、** 、*** 分别代表 10%、5%、1% 的显著性水平；括号内的值为 t 统计量。
资料来源：本表数据根据问卷调研数据计算得出。

7.3.3　小结

以新经营主体嵌入为特征的区域外部社会资本对农民生计资本产生资源配置作用，进而对农民收入产生影响，结论具体如下。

第一，区域社会资本内化配置农民的生计资本对农民收入产生影响。具体表现为以下几点。

对于土地资源而言，外源松散型嵌入的社会资本通过促使农民土地自然资本的增加进而增加农民收入，内生紧密型嵌入的社会资本对农户土地资源的影响不显著，但对农民收入增长有着显著的正向直接影响。

对于金融资本而言，外源松散型嵌入的社会资本对农民金融资本呈现负向的"挤压"效应，而内生紧密型嵌入的社会资本对农民金融资本则有着"共赢"的吸纳效果。

对于物质资本而言，外源松散型嵌入与内生紧密型嵌入的社会资本均对农民物质资本有着显著的正向配置作用。外源及内生的社会资本嵌入更有利于农民综合利用农资和农机具，在农业生产中开展和使用社会化服务。

外源松散型嵌入的社会资本对农民人力资本的提升没有显著影响，其系数接近0。内生紧密型嵌入的社会资本对农民收入有着显著的直接影响，对农民人力资本的提升有着显著影响。

第二，区域社会资本对农民生计资本的收入效应起着不同程度的调节作用，具体表现为以下几点。

外源松散型嵌入的区域社会资本对金融资本以及物质资本的收入效应有着正向的调节作用，对自然资本以及人力资本的收入效应有着负向的抑制作用。

内生紧密型嵌入的社会资本对物质资本的收入效应有着正向的促进作用，对自然资本的收入效应有着负向的抑制作用。

群体层面的区域社会资本的无（低）嵌入模式、内生紧密型嵌入模式、外源松散型嵌入模式对村庄农民收入效应产生不同程度影响的结论，进一步深化了社会资本理论和集体行动理论的内容。农民的经济活动嵌入社会生活，社会整体经济环境、社会环境的变化对农民产生影响，这是对格兰特维诺"嵌入性"理论的进一步深化。内生紧密型嵌入与外源松散型嵌入对农民的自然资本、金融资本、物质资本以及人力资本产生不同程度的配置效应，进而影响农民收入增长，这是对集体行动理论的深化和扩展。集体行动理论强调小规模团体、选择性激励与组织构建对集体行动绩效的重要作用，内生紧密型衔接则需要农民通过构建合作组织等形式，形成正式和非正式制度对合作成员予以激励和约束，二者之间的观点和结论相互吻合。

第 8 章

研究结论、政策建议
与进一步的研究方向

8.1 研究结论

在农业转型发展的新时期，探讨农业经济发展与农民收入增长的要素供给以及要素对农民收入增长的作用机制。本书基于新经济社会学"社会资本嵌入经济活动"的理论视角，围绕"社会资本如何影响农民收入增长"这一基本研究命题，从内部规模经济以及外部规模经济双重视角对社会资本影响农民收入增长的机理进行剖析。本书综合运用理论研究和调查统计分析等方法，将理论分析和实证分析有机结合，逐层深入开展。研究发现，农民个体社会资本自我嵌入通过对自身生计资本进行资源配置的方式作用于收入增长，社会资本起着资源"黏合剂"的作用；农民个体社会资本即其他生计资本的他人嵌入通过空间溢出的方式对相邻农户收入产生空间溢出效应，社会资本起着"催化剂"的作用；群体层面的区域社会资本的外源嵌入或内生成长对农民收入的影响存在差异，外源嵌入和内生成长型社会资本嵌入村庄农民生计资本影响农民收入增长的方向和渠道不同，区域社会资本对农民收入增长起着"桥梁"的作用。具体表现为以下几点。

8.1.1 个体社会资本对农民收入增长有着积极的影响作用

第一，社会资本对农民收入增长有着直接的影响效应。通过对广西397户砂糖橘种植农户的问卷调查数据的条件过程分析，本书得出社会资本对农民收入增长有着正向的促进作用的结论。在社会资本构成中，结构型社会资本即农民社会关系网络的异质性越强、网络顶端资源越多，越有助于促进农民收入增长；关系型社会资本即农民与其社会网络成员的联系越紧密，越有助于农民收入增长，且关系型社会资本对农民收入增长的直接影响作用要大于结构型社会资本。

第二，社会资本通过作用于自然资本与物质资本进而对收入增长产生中介效应。结构型社会资本通过影响自然资本与物质资本部分中介作用于农民收入增长。社会资本引发农地的规模和集聚经营并提升土地资源的收入效应，社会资本促成农业生产的社会化服务进而促进农民收入增长。

第三，社会资本对农民生计资本产生不同程度的调节作用。结构型社会资本对农民的自然资本、金融资本以及物质资本有着显著的调节作用，提升自然资本、金融资本和物质资本的收入效应。关系型社会资本对自然资本和物质资本有着显著的调节作用，提升和促进自然资本和物质资本的收入效应。

8.1.2 个体社会资本对相邻农民的收入增长具有空间溢出效应

嵌入社会结构中的农民生产经营性收入受到同村及同乡（镇）相邻其他农户的影响，相邻农户的关系型社会资本对农民收入增长有着空间溢出效应。相邻其他农户的自然资本（土地规模及集中化经营）对农民收入形成一定程度的空间挤压，土地规模及集中经营具备空间集聚效应。相邻其他农户整体金融资本的提升有助于农民收入增长，乡村金融环境的改善为农户提供良好的农业经营环境。同村相邻农户生计资本对农民收入空间溢出效应大于同乡（镇）相邻，相邻农户自然资本及金融资本对农民收入增长影响的空间溢出效应随着距离和范围的增加而减弱。此外，可能存在其他未知因素对农民收入产生影响，例如农民的外出务工以及接受农业技术培训经历均有助于农民社会资本的提升，从而对农民收入产生影响。

8.1.3 区域社会资本的不同嵌入模式对农民收入影响有差异

8.1.3.1 区域社会资本通过配置农民生计资本对农民收入增长产生中介作用

相比于社会资本无（低）嵌入状态的村庄，区域社会资本的外源松散型嵌入促进农民增加自然资本和物质资本进而提升农民收入。具体而言，外源松散型嵌入社会资本通过促进农民开展农地规模和农地集约化经营，来促进农业生产社会化而提升农民的收入水平，但对农民的金融资本产生负向的"挤压效应"。而内生紧密型嵌入的区域社会资本对村庄农民的金融资本有着正向的促进作用进而影响农民收入增长，产生"共赢"的吸纳效果。同时，内生紧密型嵌入的区域社会资本通过调整农民物质资本对农民收入产生影响，区域社会资本的内生嵌入有助于农民综合利用农机具，在农业生产中开展和使用社会化服务。

8.1.3.2 区域社会资本对农民生计资本的收入效应产生调节作用

相比于区域社会资本的无（低）嵌入状态，外源松散型嵌入的区域社会资本对金融资本以及物质资本有着正向的调节作用，提升农民金融资本以及物质资本的收入效应；而外源松散型嵌入的社会资本对自然资本以及人力资本的收入效应有着负向的抑制作用，外来农业新经营主体与乡村农民产生资源争夺从而影响农民收入增长。内生紧密型嵌入的社会资本对物质资本的收入效应有着正向的促进作用，提升物质资本的收入效应，对自然资本的收入效应有着负向的抑制作用。

8.2 政 策 建 议

从以上结论可以看出，农民社会资本对自然资本、金融资本、物质资本以及人力资本有着不同程度的配置和调节作用，社会资本、自然资本及物质资本对周边农民同时产生空间溢出效应。农业生产不仅是一种要素配合的经济过程，也是关系协调的社会过程。农业各经营主体建成跨区域的甚至全国性的合作经济组织系统，形成一个有利于农民个体发展与合作组织成长的社会关系网络，引导农民突破原有的社会关系圈子，推动和加强农民与外界社会之间的联系，在组织与合作的基础上构建和扩展现代社会资本。建立小农经济与现代农业有机衔接的网络桥梁，引导小农社会化的快速发展，可以更好地促使传统小农经济的转型升级，使其向现代农业转变，破解小农户与现代农业有机衔接的根本障碍。组织是现代社会资本构建的载体，合作是社会资本发挥作用的机制，加强农民在土地资源领域合作、农业融资领域互通、物质资源领域的协作以及人力资本领域的共享，在组织与合作的基础上构建和扩展现代社会资本是提升农民收入的根本之策。

8.2.1　开展经营主体间资本领域的多元合作为收入增长提供资源基础

8.2.1.1　加强农民在土地领域的合作

开展农民、村庄经营大户、外来新经营主体内部以及相互之间的土地合作，为农业生产合作建立载体联结，为农业适度规模经营的开展提供基础，降低农业经营的生产成本和管理成本，盘活农村土地资源，促进农民收入增长。

（1）农地归并与置换整合资源降低生产成本。为解决当前制约农地适度规模经营的农地细碎化障碍，倡导村庄范围内或相邻村庄的农民之间开展农地产权重置、地块归并与置换合作。在不改变农地承包经营总效益以及自愿协商的基础上，根据地形、地势分片重划土地，评估土地等级，按照集中和集约经营的原则，将农户原有的分散在多处的零碎土地进行重选和互换，对重新置换的土地进行规模化整理和高标准建设。集体协力进行引水灌溉设施、机耕道路等基础设施建设，保障每块土地的耕作便利，以最大程度支持农业适度规模经营的开展，破解农户经营规模小及细碎化耕作对农业收入的制约。

（2）开展农地加盟合作实现收入双赢。农民以自身产业为基础参与某一经营团体或组织，农民与经营团体或组织之间缔结持续合作契约关系。合作组织为加盟农户提供独特的商业特权，标准化种养殖程序，给予其人员培训、经营管理、生产资料供销等方面协助，农民以农业产出的一定利润让渡作为报偿。加盟农户在不改变农地承包经营权的基础上与合作团体合作，将标准化农业产品销往合作单位，并享有一定范围的产品溢价收入。农民专注于其擅长的生产经营领域，将并不擅长的销售环节交予合作组织，通过专业分工差异发挥加盟农户与合作单位各自的比较优势，将小农户纳入现代生产的价值链条中，实现加盟农户与合作方在收入水平上的"双赢"。

（3）开展农地租赁合作拓宽收入渠道。农户将全部或者部分土地租赁给专业农户或者外来经营主体，租赁方统一经营和管理土地，决定农业生产品种。租赁合作方优先聘用土地出租农户为生产经营管理代表，农户以出租土地获得租金收入的同时以供给劳动力获得工资收入。这样既盘活了农村闲置土地，也拓宽了农民收入渠道。

（4）开展农地托管合作提升农业经营效率。为提升农业经营效率，农户可在不流转土地经营权的条件下，将农业生产中的耕、种、防、收等部分或全部作业环节委托给社会化服务组织完成。合作方为农民提供机耕、机播、机收等全托管或半托管服务，提升农业经营效率，也让农民有精力从事其他业务以扩展收入来源。

（5）开展土地入股合作形成持续收入。通过将土地使用权资本化或证券化，将土地使用权入股农业合作组织，农业合作组织统一对土地进行整合、开发和经营管理。通过土地入股方式将小规模的传统农户与大市场联结。通过土地股份合作实现资金的联合与劳动的联合，在分配机制上实行按资分配与按劳分配相结合的方式，满足农户多样化收入构成的需求。

对于区域社会资本外源嵌入型的村庄，外部新经营主体入驻乡村租地经营首先考虑出租利用率较低的荒地、荒坡等，尽量不占用农民现有的耕地资

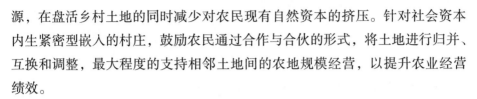

源，在盘活乡村土地的同时减少对农民现有自然资本的挤压。针对社会资本内生紧密型嵌入的村庄，鼓励农民通过合作与合伙的形式，将土地进行归并、互换和调整，最大程度的支持相邻土地间的农地规模经营，以提升农业经营绩效。

8.2.1.2　加强农民在融资领域的互通

（1）培育农业融资领域多类型、宽领域的农业资本投资主体体系。农民是融资领域资源互通的主体，资金融通可以在相同产业的同质主体间进行，也可以在不同产业的异质主体间进行，但考虑同质主体在农业生产中的季节同一性，不同产业间的异质性主体间的资金互通更有助于资本的充分流动和广泛使用。多类型、宽领域的主体间融资互通为农民开展农业经营提供广泛的资金来源，为农民收入提升提供资金保障。

（2）构建多层次、多元资本广泛参与的农业资本客体体系。一是根据农业发展的不同需求，建立多层次的农业资本互通的客体体系。农业资本互通可在合作社成员之间进行同区域小规模的农业资金互助，实现农业资本的小规模联合，也可以在合作社与合作社之间实行跨区域或跨行业的金融资本联合，实现大规模的资本联合，二是构建多元资本广泛参与的农业资本客体体系。金融资本互通可来自于农、林、牧、渔、副等各行业，也可来自于农业以外的城市工商资本以及政府投入资本，吸纳农业资本、工商资本、政府资本、外资以及其他资本等多元资本广泛参与。

针对内生紧密型社会资本嵌入的村庄，鼓励其以集体的名义或团体的名义向银行、保险等金融机构进行贷款或农业投保，增加村庄的合作合力。针对区域社会资本外源松散型嵌入的村庄，贷款倾斜政策不能一味向外部新经营主体倾斜，需综合考虑支持对象的内外部构成，综合分配金融支持指标。

8.2.1.3　加强农民在物质资源领域的协作

鉴于物质资源使用的特征，农民物质资源领域的协作多在同业主体之间进行，将面临共同市场、具有较强利益关联的相同或相似产业进行联合，在生产端、营销端以及全产业链范围内进行联合和协作，降低农业生产和经营成本，提升农产品的价值，为农业生产的开展与农民收入的提升提供物质资本保障。

（1）生产端的物质资本协作获取成本优势。以农民为合作对象，合作组织统一购买农资或农业技术服务，获取规模量化和源头购买的低价优势；合作组织统一水肥指导、病虫害防治、统一购买农业生产所需大宗物资，为农业生产提供社会化服务；统筹物质资本的使用，农业合作主体购买农业生产机械并进行生产互助或提供社会化服务，实现农机资源共享、优势资源互补，减少农机购买成本投入并提升农机租赁或服务收入；实施农业产业资源要素整合，协同进行高标准农田、滴灌设施、公共水利灌溉、公共机耕道路等农业基础设施建设，改善农业生产的基础条件，为农业生产的科学管理提供便利，降低农业生产成本，提升农业收入水平。

（2）营销端的物质资本协作提升产品价值。合作成员在农产品运销、认证品牌建设、影响渠道建设等方面进行协作。一是整合信息资源和物流体系，以联合的力量解决农村物流零散和费用贵的问题。建立农产品物流服务超市，鼓励农商双向合作、强化"农超对接"。合作组织利用联合优势，组织社员开展会展招商、产品推介和市场营销活动，帮助社员产品进超市、进市场，协助会员创办农产品专营店和市场直销部。二是引导同一区域范围内的同一类型产品合作社打造统一品牌，加强品牌的培育、认定、宣传、保护和推广，不断提高品牌知名度。坚持使用严格的绿色农产品标准，在乡村范围内打造统一的农产品品牌，建立覆盖全品类、全产业链以及全领域的农产品公用品牌并向外推广，内部建立农产品质量追溯体系，通过统一品牌运营及管理、统一营销渠道，以品质为核心、以市场为导向、以安全为保障，打造有特色、有竞争力、有文化内涵的农产品管理体系，提升农产品的附加值，提升农民收入。

（3）全产业链型物质资本协作提升收入水平。以农业主体联合社为龙头，带动小农户实现规模化种植和加工生产，建立标准化的生产基地，统一购买大型生产设备，为农民提供产前、产中及产后服务，进行科学管理和技术培训；对外统一产品质量标准，统一产品价格、统一品牌商标、统一对外销售，内联成员帮技术、外联市场销产品，努力形成生产、加工、销售和出口的全产业链协作体系。产业链各成员将专业分工和协作联系起来，加强不同主体之间、不同生产部门之间以及不同地区之间的产销联系，联结各个农业经营主体，构建多元化的农业生产经营体系。更大范围内的全产业链型物质资本协作扩宽了农民的经营视野与市场领域，也进一步在产业范围内寻找优质的资本联合和市场空间，更有利于农民收入提升。

外源嵌入与内生形成的区域资本均对物质资本有着类似的配置作用。因此，要加强村庄农民与农民之间、村庄农民与外部新经营主体之间的物质资本互通与合作。

8.2.1.4 加强城乡人力资本领域的共享

（1）人力资本城乡共享为收入提升提供外源支持。成立包括农业科研院所、科技推广工作站、大中专院校学者以及政府管理部门工作人员等组成的乡村产业发展人才智库团队，为农民等经营主体提供网络咨询、现场指导、技术答疑以及决策支持，引导城市智慧力量支持乡村产业发展。鼓励农业科研院所、相关农业高校、农业学会、农业协会等部门入股农业合作组织或农业组织签订合作协议，对农业提供科技和智力支撑，不断引进新技术与新品种，建立农业科技与农业企业之间的联系纽带，协调产学研，凝聚农科教，为乡村产业发展与农民收入增长提供智力保障。

（2）人力资本乡村共享形成收入增长内生动力。依据乡村产业发展特征，建立起一支包括生产经营型（包括农机手、园艺工、水利员、职业经理人、农产品经纪人等）、技能带动型（包括农技员、植保员、防疫员、多经员、土肥员等）、社会服务型（包括估价师、律师、乡村警察、乡村教师、乡村医生、仲裁调解员、农业保险经纪人等）、文化传承型（包括乡村工匠、文化能人、非遗传承人等）等人才在内的农村专业或兼业人才队伍，并为相关产业提供社会性服务，拓宽农民的收入来源，人力资本的集中与集约供给也能有效降低农民与合作组织的用工成本，提升农业生产效率。

考虑到内生成长型村庄农民之间人力资本的关联更为紧密，因此可以增强村庄内人力资本互助、农业种养殖技术的交流以及增强内部成员的换工互助，最大限度地整合村内的人力资本，最好形成一支有组织、互补性的农民职业队伍，其包括种植能手、机械手、植保员、销售经纪人、物流运输队、品牌策划人等组成的产业链全过程服务群体，服务于农场特色产业的发展。

8.2.2　建立社会资本联结的组织与平台为收入增长提供承载主体

8.2.2.1　成立产权明晰、权责分明的土地合作社，支撑土地资本联合

成立土地合作（股份合作）社，对区域范围内的土地资源进行监督和管理，为社内外成员协调与供给土地资源。农民以土地使用权转移与合作组织建立加盟、租赁、托管或入股等关系，获取农业经营的部分剩余价值。土地合作社以村域范围土地为监管对象，对村域范围内土地进行摸底统计、现状利用与权属关系、土地等级等信息调研，设立土地归并互换、土地流转、土地入股、土地托管、土地退出等管理板块。根据农业发展规划，对村域范围内的土地进行统一规划和协同管理，以自愿入社的原则保障农民生产的自主性，并与其他区域的土地合作社联合，形成土地联合社，在更大的范围内共享土地供需信息，为农民实施规模化生产以及新经营主体的乡村入驻提供土地保障。土地合作（股份合作）社（联社）为农民与合作组织开展农地规模经营提供信息和合作便利，有利于提升农民收入。

8.2.2.2　构建多维一体互为补充的融资组织体系，提供农业资本供给

根据地方农业经济发展需要，构建包括商业性金融组织、合作性金融组织、政策性金融组织以及其他组织在内的多维一体和互为补充的农业资本供给组织体系。一是根据农业经济发展实际，适应多类型和宽领域的农业资本主体需求，改建、新建一批地方性农村商业银行，并吸收农业企业和农业大

户参股,或引入具有雄厚资金实力和广泛联系的商业性金融组织,实施商业性金融组织与农业生产组织的强强联合。二是建立合作性金融组织。新经营主体与农户在坚持自愿互利的合作性原则的基础上组建合作性金融组织,以会员合作制的方式,为合作组织内部成员提供生产周转性资金,建立农业会员的信用能力评价机制,对农业资金的使用情况进行反馈和监督,防止农业资金在农业领域的无效流出。三是组建政策性金融组织。针对农村经济发展的实际情况,组建若干区域性、政策性金融组织,并合理发挥农业发展银行的政策性作用。通过发行债券、政府注资、央行贷款等手段支持农村长期性开发贷款,提供关系国计民生的大宗农产品收购资金、农业技术开发资金、大型农业发展项目的贷款、山水田林的整治资金等供给,与商业性金融和合作性金融组织形成补充,配合不同时期政府农业政策的需要,充当政府支持农业发展、促进国民经济协调以及农民收入稳步增长的重要手段。四是支持合规非正式金融组织。对非正式金融组织如农村合作基金组织、开展信贷服务的农经服务公司、具有一定规模的互助基金会予以资格审核,对规范、合法的非正规金融组织颁发许可证。此外,成立农业信贷担保组织,分散农业金融组织的运营风险,针对贷款金额大、期限长、经营风险大的项目提供担保;引入农业保险组织,为农业生产经营项目以及农业贷款提供保险业务。多维一体商业性、合作性、政策性与非正式金融组织互为补充,对农业经营提供资本供给,解决农民及经营主体在农业生产领域的资金障碍,破解农业"融资难"与"融资贵"的问题。

8.2.2.3 建立跨行业跨区域的合作联社为农业生产提供物质保障

在农民之间、农民与新经营主体之间、新经营主体之间联合的基础上,寻求更大范围的跨行业和跨区域的联合,形成合作联社。在农业种植、养殖、农机、植保、加工和销售等多个领域开展联合合作,通过要素契约与商品契约关系实现成员之间的合作,实现区域农业资源的优化配置和充分合理利用,在更大的范围内为农民开展农业生产和销售以及农民对接大市场提供物质基础和服务保障。建立包括市场主体、市场客体、交易规则、交易条件以及市场媒介等市场要素的合作体系,使用共同的平台、品牌、渠道、标准以及整合化的农村物流体系，提升农民话语权，形成主体共生、品牌共营、渠道共用和收益共享的农产品市场体系。

8.2.2.4 利用多方人才力量建立乡村发展人才智库提供智力支持

采用"送出去＋引进来"相结合的方式，培育和发展乡村发展人才队伍，建立乡村发展人才智库，通过实现乡村人才振兴为乡村经济发展和农民收入提升提供持续动力来源。一是将农民"送出去"。通过参观、走访、交流、培训等方式拓宽农民的经营视野，增强农业生产经营和管理能力，将有志之士培养成现代职业农民。建立乡村生产经营型、技能带动型、社会服务型等特色人才队伍，鼓励农民加入农业学会、协会、商会等，扩展农民社会资本，提升农民人力资本。二是将人才"引进来"。引进大学生村官、乡村第一书记、农业专家队伍、乡村精英等支持乡村发展的高层次力量，由内而外共同推动农业发展。三是建成多元化乡村人才培养基地。设立农业学校、农业技术培训中心、农业实践实训基地等实体化的人才培养基地，凝聚多方力量培养人才，建立远程网络培训平台。依托乡村网络建设工程，围绕农村生产实用技术内容，开展网络远程培训。依托网络通信技术，开启农业技术远程指导和服务，建立农业信息化服务平台，利用云计算、大数据、互联网、智能装备等现代化信息技术手段，为农民提供灵活便捷、智能高效的在线培训服务、移动互联网服务和全程跟踪服务，增强培训效果。建立专家对接微信公众号，实时发布农业天气预报、病虫害防治知识、农产品种养殖知识等新知识，让农民通过手机就可以接受农业新知识训练，并实现与农业专家零距离对接。

8.2.2.5 构建现代农业社会资本联结的实体与网络平台

（1）打造资源集聚的实体平台。一是打造产业发展的要素聚合平台。通过打造农业综合体、农业联合体，以及现代化农业种植园区吸引优势产业、优质要素、优质企业聚集。以"产品研发—产品生产—产品深加工"为中心，加强整合，提升产业链。依托"供给—生产—物流—销售"的纵向产业链条，吸引互补要素聚集，形成垂直的产业集群。二是打造社会资本聚集的自组织平台。以亲缘、地缘、业缘和物缘为基础建立自组织，具有较高信任、熟悉和交往程度的同村同姓亲友、兄弟、家族成员间进行合作发展的适度规模经营，建立合伙经营、合资（合作）微型企业以及农业资源互换互助圈，以达到个人无法达成的目标；以同村、同乡农民为主要网络成员的组织，推进"一村一品""一村一业"的建设，发挥某农业经营品类或种植品种的联合作用；成立行业协会、商会等组织，将经营相同品类、互补品类、产业链相关品类的农业家庭和企业成员充分联结，鼓励内部成长或外源注入的新经营主体、龙头企业、领军人物担任行业协会与商会等自组织的核心力量，建立优质高效的城乡资源衔接的社会资本载体，发挥这类组织在农业生产力发展、农民收入拉动以及农村事业推动中的重要作用。

（2）创设资源与产品要素集聚的网络平台。一是分类别建立资源与产品要素集聚的专业平台。分别建立"产学研协同创新网络平台""网络交流平台""公共服务平台""资源互联互通平台""人才供需平台"等多种专业化网络平台，吸引社会资本、土地资本、金融资本、物质资本以及人力资本等要素聚集。二是构建资源资本与产品要素集聚的农业大数据综合平台。利用农业大数据构建大数据平台，打破农业生产和消费的边界，通过网络对接实现生产与消费对接合作，以消除"信息不对称"问题；在农业大数据平台内设农业基础信息板块（包括气象、水文、生物、灾害等）、土地供需信息板块（包括区位、面积、用途等）、资本合作信息板块、农业社会化服务供需信息板块（包括种苗、农药、化肥、农膜、灌溉、农机等）、人才资源库（包括专家、技术队伍、职业农民、生产能人等）、农产品电子商务平台（包括供求信息、价格行情、国际农产品动态等），在农业各行业信息子系统和板块的建设上，建立一个覆盖全域、联系城乡、国内与国际的农业大数据信息平台，集农产品采集、信息发布、产品交易、数据分析、专家咨询等功能于一体的应用软件，促使互联网信息在农业、农村与农民范围内推广和运用。为农产品生产、经营和销售提供及时、准确的信息服务，实现"农民不出户，信息传到家"，让农民与新经营主体多方合作，实现信息的无缝连接。

8.2.3 构建社会资本组织合作的利益联结机制为收入增长提供持续动力

8.2.3.1 紧密型联结机制

在农民与合作组织的要素资源领域与产品资源合作领域中建立紧密型联结机制。农民以资金、土地、技术等生产要素为基础与新经营主体建立股份联结，通过折价入股的方式与合作组织构建共有产权，实现生产环节的要素资源与销售环节产品资源的有机衔接，通过紧密型衔接将分散经营的农民纳入现代农业生产的轨道。合作组织经营剩余按照农民入股份额进行返还，合作组织与农民在利益分配上实行"按资分配＋按劳分配"相结合的方式，建立"收益共享＋风险共担"的利益联结机制。

8.2.3.2 松散型联结机制

在链式产业的协同中建立农民与合作组织间的松散型联结机制。松散型联结下农民与合作社之间不产生合股关系，在农资与产品的销售关系上建立互惠互利的销售关系，通过不具严格约束力的合作协议，合作组织向农民成员提供种苗、农药、化肥等农资，或收购农民成员的农产品进行加工或转手销售。农业产品的销售关系既补充了合作组织的产品供给来源，也解决了农产品销售难的问题，松散型衔接在农民与合作社之间形成双赢的格局。利用松散型联结实现农业产业链生态群落式的互补和融合，创造伙伴式共同发展和共赢发展的机会，形成一种更为综合的产业链关系，实现高水平的、协调的经济和产业一体化发展。

8.2.4 完善社会资本联结的政策体系为收入增长提供制度保障

在现代农业社会资本的构建和扩展过程中，政府应承担扶持、引导和保障的职责，在工商、财税、金融、人才、科技、土地政策等方面为农民之间、

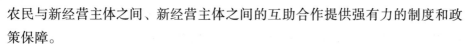

农民与新经营主体之间、新经营主体之间的互助合作提供强有力的制度和政策保障。

8.2.4.1　工商政策

市场监督管理部门为合作组织的设立、变更等提供一站式服务，简化登记程序，设立绿色通道。规范设立标准，明确合作组织的治理结构以及盈余分配方式，制定合作章程，允许农民等经营主体以实物、技术、知识产权、土地承包经营权等作价向合作组织进行注资。

8.2.4.2　财税政策

政府为合作组织的发展提供必要的财政、税收政策支持，通过专项拨款、奖励政策、补贴机制充分调动合作组织的能动性，为农民的社会网络参与提供物质基础和保障。国家有关财政、税收政策应向农民合作组织倾斜，给予最大限度的力量支持，按照服务型政府的理念开展工作，为合作组织建立和运行创造良好环境，综合运用税收、补助、参股、贴息等手段，扶持外来新经营主体参与农业产业化经营，支持外来资本投资农村基础设施建设。

8.2.4.3　金融政策

金融机构根据农民合作组织的特点和需求，制定支持农业发展的信贷政策，对于与农民联系紧密、带动作用强、信用评级高的合作组织，实行贷款优先、利率优惠、额度放宽等政策为其发展提供资金；政策性担保机构与商业性担保机构优先向以上类型合作组织提供担保服务，政府适当承当担保费用；保险机构优先为以上类型合作组织提供生产和经营保险，并适当降低保险费率。

8.2.4.4　人才政策

重视农业科技人才队伍建设，促进产、学、研融合发展。制定一套引人、用人、留人、聚人的人才供给方案。依托特色和重点合作组织产业发展项目，宣传合作组织的用人需求及人才培养方案；将合作组织的成员作为农业技术培训的重点对象，提升其经营和管理能力；将合作组织作为大学生村官、三支一扶等支农群体的培养基地，鼓励乡村精英参与合作组织建设。

8.2.4.5　科技政策

为合作组织提供农业新品种、新项目落地和新技术服务。鼓励农业科技力量注资和入股农业合作组织，通过资金和技术合作，为合作组织提供智力支持。鼓励农业科技团队在合作组织中建立实训和示范基地，开展农业新品种、新技术与新项目的研发，进一步促进产学研融合发展。

8.2.4.6　土地政策

对于农业合作组织的用地，在符合土地利用总体规划的前提下给予支持和倾斜政策。农地确权和变更登记应进一步支持农地归并互换、农地流转等权属变更，农地政策为经营主体入乡、人才下乡、精英返乡、资本下乡提供支持。

8.3　进一步的研究方向

尽管本书经过理论分析和实证研究对社会资本嵌入与农民收入增长效应之间的影响机理进行了较为深入地探索，但由于种种原因的限制，本书仍然存在一定的局限。本书主要的不足在于以下几点。

第一，以调研数据为基础的研究，可能存在选择性偏误、样本代表性及内生型问题，但本书已通过分层抽样和选择通用嵌套空间模型等方法，尽可能地消除了样本的选择性偏误以及内生性问题。

第二，在研究农户社会资本的空间溢出效应过程中，考虑到众多农户的复杂性和多样性，尽管对社会资本的嵌入模式影响农民收入增长做了差异分析，但由于农民数量众多且有各自特征，没有办法对农民个体社会资本对农民收入的空间溢出效应进行验证。

第三，由于篇幅限制，本书尚未从纵向角度对农民收入增长做进一步的研究，这是本书今后进一步研究的方向。

基于本书主题，潜在的后续研究方向有以下两点。

第一，进一步考虑农户社会资本空间溢出的差异性。

第二，进一步对各效应间的相互影响进行深入研究。

参 考 文 献

[1] 阿尔弗雷德·韦伯. 工业区位论 [M]. 北京：商务印书馆，2011.

[2] 奥尔森. 集体行动的逻辑 [M]. 上海：上海三联出版社，上海人民出版社，1995.

[3] 蔡洁，马红玉，夏显力. 集中连片特困区农地转出户生计策略选择研究——基于六盘山的微观实证分析 [J]. 资源科学，2017，39 (11)：2083 – 2093.

[4] 蔡起华，朱玉春. 关系网络对农户参与村庄集体行动的影响——以农户参与小型农田水利建设投资为例 [J]. 南京农业大学学报 (社会科学版)，2017 (1)：108 – 118.

[5] 陈靖. 新型农业经营主体如何"嵌入"乡土社会——关联营造的视角 [J]. 西北农林科技大学学报 (社会科学版)，2018，18 (5)：18 – 24.

[6] 陈明宝. 要素流动，资源融合与开放合作——海洋经济在粤港澳大湾区建设中的作用 [J]. 华南师范大学学报 (社会科学版)，2018 (2)：21 – 26.

[7] 陈强. 高级计量经济学 [M]. 北京：高等教育出版社，2014.

[8] 陈瑞，郑毓煌，刘文静. 中介效应分析：原理，程序，Bootstrap 方法及其应用 [J]. 营销科学学报，2013 (4)：120 – 135.

[9] 陈云松，吴晓刚，胡安宁，等. 社会预测：基于机器学习的研究新范式 [J]. 社会学研究，2020，35 (3)：94 – 117，244.

[10] 程昆，潘朝顺，黄亚雄. 农村社会资本的特性、变化及其对农村非正规金融运行的影响 [J]. 农业经济问题，2006 (6)：31 – 35.

[11] 费孝通. 乡土中国 [M]. 北京：北京大学出版社，1998.

[12] 高静，张应良．农户创业：初始社会资本影响创业者机会识别行为研究——基于518份农户创业调查的实证分析 [J]．农业技术经济，2013 (1)：32-39.

[13] 龚关，胡关亮．中国制造业资源配置效率与全要素生产率 [J]．经济研究，2013，48 (4)：4-15，29.

[14] 巩英春，王连森．迪尔凯姆"社会性"思想之探析 [J]．长春理工大学学报 (社会科学版)，2008 (6)：50-52.

[15] 桂勇，黄荣贵．社区社会资本测量：一项基于经验数据的研究 [J]．社会学研究，2008 (3)：122-142.

[16] 桂勇，陆德梅，朱国宏．社会网络、文化制度与求职行为：嵌入问题 [J]．复旦学报 (社会科学版)，2003 (3)：17-22，29.

[17] 郭少新，何练成．社会资本——解释经济增长的一种新思路 [J]．财贸研究，2004 (2)：7-11，58.

[18] 郭秀丽，周立华，陈勇，等．典型沙漠化地区农户对生态环境变化的感知与适应——以内蒙古自治区杭锦旗为例 [J]．干旱区资源与环境，2017 (3)：64-69.

[19] 郭志仪，魏巍，范巧．国家级新区对省域全要素生产率变迁的影响效应研究——基于动态通用嵌套空间模型的分析 [J]．经济问题探索，2020 (1)：1-9.

[20] 郝文渊，杨东升，张杰，等．农牧民可持续生计资本与生计策略关系研究——以西藏林芝地区为例 [J]．干旱区资源与环境，2014 (10)：37-41.

[21] 何仁伟，刘邵权，刘运伟，等．典型山区农户生计资本评价及其空间格局——以四川省凉山彝族自治州为例 [J]．山地学报，2014 (6)：641-651.

[22] 何仁伟．山区聚落农户可持续生计发展水平及空间差异分析——以四川省凉山州为例 [J]．中国科学院大学学报，2014 (2)：221-230.

[23] 何秀荣．关于我国农业经营规模的思考 [J]．农业经济问题，2016 (9)：4-15.

［24］贺雪峰．城乡一体化不是资本自由下乡［J］．决策，2015（7）：13.

［25］贺艳华，曾山山，唐承丽，等．中国中部地区农村聚居分异特征及形成机制［J］．地理学报，2013，68（12）：1643－1656.

［26］黄昭昭，林燕．社会资本累积状态对家户福利影响的实证研究［J］．宏观经济研究，2010（11）：59－63.

［27］贾俊平．统计学——基于SPSS（第三版）［M］．北京：中国人民大学出版社，2019：107.

［28］姜磊．应用空间计量经济学［M］．北京：中国人民大学出版社，2020：240.

［29］蒋乃华，黄春燕．人力资本、社会资本与农户工资性收入——来自扬州的实证［J］．农业经济问题，2006（11）：46－50.

［30］焦长权，周飞舟．"资本下乡"与村庄的再造［J］．中国社会科学，2016（1）：100－116，205－206.

［31］金迪，蒋剑勇．基于社会嵌入理论的农民创业机理研究［J］．管理世界，2014（12）：180－181.

［32］科尔曼．社会理论的基础［M］．北京：社会科学文献出版社，1999：354，367－368.

［33］孔祥智，穆娜娜．实现小农户与现代农业发展的有机衔接［J］．农村经济，2018（2）：1－7.

［34］兰建平，苗文斌．嵌入性理论研究综述［J］．技术经济，2009，28（1）：104－108.

［35］黎珍．社会资本与西南民族地区和谐发展［M］．北京：中国社会科学出版社，2016：226.

［36］李功奎，钟甫宁．农地细碎化、劳动力利用与农民收入——基于江苏省经济欠发达地区的实证研究［J］．中国农村经济，2006（4）：42－48.

［37］李后建，刘维维．家庭的嵌入对贫困地区农民创业绩效的影响——基于拼凑理论的实证检验［J］．农业技术经济，2018（7）：132－142.

［38］李久鑫，郑绍濂．管理的社会网络嵌入性视角［J］．外国经济与管

理，2002（6）：2-6.

[39] 李耀锋，张余慧．内生型新型农业经营主体带动小农户发展的动力机制——基于嵌入性理论的个案研究 [J]．中国农业大学学报（社会科学版），2020，37（1）：38-47.

[40] 李中．农村土地流转与农民收入 [J]．经济地理，2014（5）：144-149.

[41] 林南．社会资本 [M]．上海：上海世纪出版集团，2001.

[42] 林南．社会资本——关于社会结构与行动的理论 [M]．上海：上海人民出版社，2005：18，20，54-75.

[43] 林毅夫．技术创新、发展阶段与战略选择 [J]．山东经济战略研究，2003（9）：60-61.

[44] 林毅夫．新结构经济学——反思经济发展与政策的理论框架 [M]．北京：北京大学出版社，2012.

[45] 刘恩来，徐定德，谢芳婷，等．基于农户生计策略选择影响因素的生计资本度量——以四川省402户农户为例 [J]．西南师范大学学报（自然科学版），2015（12）：59-65.

[46] 刘贯春，张晓云，邓光耀．要素重置，经济增长与区域非平衡发展 [J]．数量经济技术经济研究，2017，34（7）：35-56.

[47] 刘洪．集体行动与经济绩效——曼瑟尔·奥尔森经济思想评述 [J]．当代经济研究，2002（7）：42-45.

[48] 刘敏．社会资本与多元化贫困治理：来自逢街的研究 [M]．北京：社会科学出版社，2013：8.

[49] 刘明辉，卢飞．城乡要素错配与城乡融合发展——基于中国省级面板数据的实证研究 [J]．农业技术经济，2019（2）：33-46.

[50] 刘自强，李静，董国皇，等．农户生计策略选择与转型动力机制研究——基于宁夏回族聚居区451户农户的调查数据 [J]．世界地理研究，2017，26（6）：61-72.

[51] 路慧玲，赵雪雁，侯彩霞，等．社会资本对农户收入的影响机理研究——以甘肃省张掖市、甘南藏族自治州与临夏回族自治州为例 [J]．干

旱区资源与环境，2014（10）：17-22.

[52] 马光荣，杨恩艳. 社会网络、非正规金融与创业 [J]. 经济研究，2011（3）：83-94.

[53] 马克·格兰诺维特. 镶嵌——社会网与经济行动 [M]. 罗家德，译. 北京：社会科学文献出版社，2015.

[54] 蒙吉军，艾木入拉，刘洋，等. 农牧户可持续生计资产与生计策略的关系研究——以鄂尔多斯市乌审旗为例 [J]. 北京大学学报（自然科学版），2013，49（2）：321-328.

[55] 皮埃尔·布尔迪厄. 文化资本与社会炼金术：布尔迪厄访谈录 [M]. 包亚明，译，上海：上海人民出版社，1997.

[56] 曲仲丽. 社会学与经济学的对话——读《经济行动与社会结构：嵌入性问题》[J]. 经济研究导刊，2012（11）：216-217.

[57] 阮荣平，曹冰雪，周佩，等. 新型农业经营主体辐射带动能力及影响因素分析——基于全国2615家新型农业经营主体的调查数据 [J]. 中国农村经济，2017（11）：17-32.

[58] 阮荣平，郑风田，刘力. 信仰的力量：宗教有利于创业吗？[J]. 经济研究，2014（3）：171-184.

[59] ROBERTS M G，杨国安. 可持续发展研究方法国际进展——脆弱性分析方法与可持续生计方法比较 [J]. 地理科学进展，2003，22（1）：11-21.

[60] 芮正云，庄晋财，罗瑾琏. 社会资本对获取创业知识的驱动过程解构——基于创业者能力视角 [J]. 科学学与科学技术管理，2016，37（1）：58-68.

[61] 沈兆敏. 柑桔科研大协作，全国生产大发展——中国农业科学院柑桔研究所参与我国柑桔区划协作研究简介 [J]. 中国果业信息，2010，27（7）：25-29.

[62] 司俊. 甘肃民族地区构建现代农业结构的思路与对策 [J]. 开发研究，1997（6）：38-39.

[63] 苏春艳. 经济行动的社会建构——新经济社会学对经济行动的嵌入性分析 [J]. 上海大学学报（社会科学版），2004，11（6）：22-25.

[64] 苏芳, 蒲欣冬, 徐中民, 等. 生计资本与生计策略关系研究——以张掖市甘州区为例 [J]. 中国人口·资源与环境, 2009, 19 (6): 119-125.

[65] 苏芳, 尚海洋. 农户生计资本对其风险应对策略的影响——以黑河流域张掖市为例 [J]. 中国农村经济, 2012 (8): 79-87.

[66] 苏芳, 徐中民, 尚海洋. 可持续生计分析研究综述 [J]. 地球科学进展, 2009, 24 (1): 61-69.

[67] 苏小松, 何广文. 农户社会资本对农业生产效率的影响分析——基于山东省高青县的农户调查数据 [J]. 农业技术经济, 2013 (10): 64-72.

[68] 孙欣, 毕如田, 刘慧芳, 等. 贫困山区耕地细碎化对农户生计策略的影响——以左权县清漳河流域 87 个村为例 [J]. 中国土地科学, 2018, 32 (2): 40-47.

[69] 孙玉国, 罗福凯. 企业的新要素资本——获取核心优势的源泉 [J]. 财务与会计 (理财版), 2011 (3): 24-27.

[70] 田素妍, 陈嘉烨. 可持续生计框架下农户气候变化适应能力研究 [J]. 中国人口·资源与环境, 2014, 24 (5): 31-37.

[71] 田甜, 杨钢桥, 赵微, 等. 农地整治项目农民参与行为机理研究——基于嵌入性社会结构理论 [J]. 农业技术经济, 2015 (7): 18-28.

[72] 佟仲, 厉为民. 改造传统农业的方向和途径——《改造传统农业》一书简析 [J]. 农业技术经济, 1987 (1): 46-48.

[73] 童潇. 社会资本范式使用及其理论研究的贡献与局限 [J]. 甘肃社会科学, 2015 (3): 129-134.

[74] 万程成, 周葵. 基于 AHP-TOPSIS 分析法的循环经济发展水平综合评估 [J]. 统计与决策, 2018 (14): 124-128.

[75] 王成超, 杨玉盛. 基于农户生计策略的土地利用/覆被变化效应综述 [J]. 地理科学进展, 2012 (6): 792-798.

[76] 王刚, 代法涛, 张龙. 社会资本, 技术创新和跨越"中等收入陷阱" [J]. 经济问题探索, 2017 (3): 10-21.

[77] 王蒙. 生计脆弱: 甘孜藏族自治州农牧民生计状况研究 [D/OL]. 武汉: 华中师范大学, 2013 [2014-6-16]. https://kns.cnki.net/kcms2/arti-

cle/abstract? v = 3uoqIhG8C475KOm _ zrgu4lQARvep2SAk9z9MrcM – rOU4mSkGl _ LWf0_3tOIhO8uIkJXJA1N – h2pEqDadQdBzseD_sbxAtLCv&uniplatform = NZKPT.

[78] 王颂吉，白永秀．城乡要素错配与中国二元经济结构转化滞后：理论与实证研究 [J]．中国工业经济，2013 (7)：31 –43.

[79] 王一超，郝海广，张惠远，等．农牧交错区农户生计分化及其对耕地利用的影响——以宁夏盐池县为例 [J]．自然资源学报，2018，33 (2)：302 –312.

[80] 温忠麟，刘红云，侯杰泰．调节效应和中介效应分析 [M]．北京：教育科学出版社，2012.

[81] 温忠麟，叶宝娟．有调节的中介模型检验方法：竞争还是替补 [J]．心理学报，2014 (5)：714 –726.

[82] 温忠麟，张雷，侯杰泰．有中介的调节变量和有调节的中介变量 [J]．心理学报，2006，38 (3)：448 –452.

[83] 西奥多·W·舒尔茨．改造传统农业 [M]．北京：商务印书馆，1987.

[84] 徐爽，胡业翠．农户生计资本与生计稳定性耦合协调分析——以广西金桥村移民安置区为例 [J]．经济地理，2018，38 (3)：142 –148.

[85] 许汉石，乐章．生计资本、生计风险与农户的生计策略 [J]．农业经济问题，2012，33 (10)：100 –105.

[86] 严成樑．社会资本，创新与长期经济增长 [J]．经济研究，2012 (11)：48 –60.

[87] 阎建忠，喻鸥，吴莹莹，等．青藏高原东部样带农牧民生计脆弱性评估 [J]．地理科学，2011，27 (7)：858 –867.

[88] 杨俊，张玉利，杨晓非．关系强度、关系资源与新企业绩效——基于行为视角的实证研究 [J]．南开管理评论，2009，(4)：44 –54.

[89] 杨婷，靳小怡．资源禀赋、社会保障对农民土地处置意愿的影响——基于理性选择视角的分析 [J]．中国农村观察，2015 (4)：18 –25.

[90] 杨震宁，李东红，范黎波．身陷"盘丝洞"：社会网络关系嵌入过度影响了创业过程吗? [J]．管理世界，2013 (12)：101 –116.

[91] 杨志才，柏培文．要素错配及其对产出损失和收入分配的影响研

究 [J]. 数量经济技术经济研究, 2017 (8): 22 – 38.

[92] 姚监复. 中国农业的规模经营与农业综合生产率——访华盛顿大学农村发展所徐孝白先生 [J]. 中国农业资源与区划, 2000, 21 (5): 19 – 21.

[93] 游和远, 吴次芳, 鲍海君. 农地流转、非农就业与农地转出户福利 [J]. 农业经济问题, 2013 (3): 16 – 25.

[94] 袁志刚, 解栋栋. 中国劳动力错配对 TFP 的影响分析 [J]. 经济研究, 2011, 46 (7): 4 – 17.

[95] 曾淑婉. 财政支出对全要素生产率的空间溢出效应研究——基于中国省际数据的静态与动态空间计量分析 [J]. 财经理论与实践, 2013, 34 (1): 72 – 76.

[96] 张斌. 社会资本对农户信贷获取的影响研究 [D]. 武汉: 华中农业大学, 2011.

[97] 张琛, 高强. 论新型农业经营主体对贫困户的脱贫作用 [J]. 西北农林科技大学学报 (社会科学版), 2017, 17 (2): 73 – 79.

[98] 张广利, 陈仕中. 社会资本理论发展的瓶颈: 定义及测量问题探讨 [J]. 社会科学研究, 2006 (2): 102 – 106.

[99] 张梁梁, 杨俊, 张华. 社会资本的经济增长效应 [J]. 财经研究, 2017, 43 (5): 31 – 43.

[100] 张其仔. 社会资本论——社会资本与经济增长 [M]. 北京: 社会科学文献出版社, 2002: 27 – 28.

[101] 张晓山. 农民专业合作社的发展趋势探析 [J]. 管理世界, 2009 (5): 96 – 103.

[102] 张幼文. 以要素流动理论研究贸易强国道路 [J]. 世界经济研究, 2016 (10): 3 – 6.

[103] 赵延东. 社会资本理论的新进展 [J]. 国外社会科学, 2003 (3): 54 – 59.

[104] 中国经济增长前沿课题组, 张平, 刘霞辉, 等. 突破经济增长减速的新要素供给理论、体制与政策选择 [J]. 经济研究, 2015, 578 (11): 6 – 21.

[105] 钟真. 完善新型农业经营主体政策支持体系的建议 [J]. 经济研究参考, 2018 (42): 37 - 38, 43.

[106] 周晔馨. 社会资本是穷人的资本吗? ——基于中国农户收入的经验证据 [J]. 管理世界, 2012 (7): 91 - 103.

[107] 朱建军, 常向阳. 村庄社会资本与农民收入差距的实证分析 [J]. 南京农业大学学报 (社会科学版), 2010, 10 (2): 7 - 13.

[108] 朱兰兰, 蔡银莺. 农户家庭生计禀赋对农地流转的影响——以湖北省不同类型功能区为例 [J]. 自然资源学报, 2016, 31 (9): 1526 - 1539.

[109] 朱启臻, 胡鹏辉, 许汉泽. 论家庭农场: 优势、条件与规模 [J]. 农业经济问题, 2014, 35 (7): 11 - 17.

[110] 祝灵君. 社会资本与政党领导——一个政党社会学研究框架的尝试 [M]. 北京: 中央编译出版社, 2010: 242 - 243.

[111] 左军. 城乡一体化: 嘉兴市域生产要素整合与融合的实现途径 [J]. 浙江经济, 2004 (8): 47 - 49.

[112] ABEBAW D, HAILE M G. The impact of cooperatives on agricultural technology adoption: empirical evidence from Ethiopia [J]. Food Policy, 2013, 38 (1): 82 - 91.

[113] AKCOMAK S, WEEL B T. The impact of social capital on crime: evidence from the Netherlands [J]. IZA Discussion Papers, 2009, 42 (1): 323 - 340.

[114] ANDERSON A R, JACKS L. The articulation of social capital in entrepreneurial networks: A glue or lubricant [J]. Entrepreneurship and Regional Development, 2002, 14 (3): 193 - 210.

[115] BARBER B. All economies are embedded: the career of a concept and beyond [J]. Social Research, 1995, 62 (2): 387 - 413.

[116] BARON R M, KENNY D A. The moderator-mediator variable distinction in social psychological research: conceptual, strategic, and statistical considerations [J]. Journal of Personality and Social Psychology, 1999, 51 (6): 1173 - 1182.

[117] BECK U, BJERGE B. Pro-poor land transfers and the importance of land abundance and ethnicity in the Gambia [J]. World Development, 2017, 99: 122 - 140.

[118] BOURDIEU P. The Forms of Capital. Handbook of Theory and Research for the Sociology of Education [M]. New York: Greenwood Press, 1983: 241 - 258.

[119] BURT R S. Brokerage and closure: An introduction to social capital [M]. New York: Oxford University Press Inc, 2005: 279.

[120] BURT R S. Structural holes: The social structure of competition [M]. Harvard University Press, 2009: 31 - 34.

[121] BURT R S. The network structure of social capital [J]. Research in Organizational Behavior, 2000, 22: 345 - 423.

[122] BURT R S. The social structure of competition [J]. Networks and Organizations, 1992: 57 - 91.

[123] CAMPBELL K E, MARSDEN P V, HURLBERT J S. Social resources and socioeconomic status [J]. Social Network, 1986, 8 (1): 97 - 117.

[124] Chen. Social information technology: connecting society and cultural issues [M]. Hershey, pa: information science reference global, 2008: 469.

[125] DENG W S, LIN C, GONG J. A smooth coefficient quantile regression approach to the social capital-economic growth nexus [J]. Economic Modelling, 2012, 29 (2): 185 - 197.

[126] DENG X, XU D, ZENG M, Qi Y. Does early-life famine experience impact rural land transfer? Evidence from China [J]. Land Use Policy, 2019, 81: 58 - 67.

[127] DFID. Sustainable livelihoods guidance sheets [M]. London: Department for International Development, 2000: 68 - 125.

[128] DOWLA A. In credit we trust: building social capital by Grameen Bank in Bangladesh [J]. Journal of Socio - Economics, 2006, 35 (1): 102 - 122.

[129] DUESBERG S, BOGUE P, RENWICK A. Retirement farming or sus-

tainable growth-land transfer choices for farmers without a successor [J]. Land Use Policy, 2017, 61: 526 –535.

[130] EFRON B. Bootstrap methods: another look at the jackknife [J]. Annals of Statistics, 1979, 7 (1): 1 –26.

[131] ELHORST J P. Matlab software for spatial panels [J]. International Regionalence Review, 2014, 37 (3): 389 –405.

[132] ELHORST J P. Spatial econometrics: From cross-sectional data to spatial panels [M]. Berlin: Springer, 2014: 8 –10.

[133] ELLIS F. Rural livelihoods and diversity in developing countries [M]. London: Oxford University Press, 2000: 78 –90.

[134] FAFCHAMPS M. Solidarity networks in preindustrial societies: rational peasants with a moral economy [J]. Economic Development & Cultural Change, 1992, 41 (1): 147 –174.

[135] FLAP H, VOLKER B. Goal specific social capital and job satisfaction: effects of different types of networks on instrumental and social aspects of work [J]. Social Networks, 2001, (4): 297 –320.

[136] FRANK E. Both livelihoods and diversity have become popular topics in development studies [M]. New York: Oxford University Press, 2000.

[137] FUKUYAMA, F. Social capital and the global economy [J]. Foreign affairs, 1995: 89 –103.

[138] GILMAN J. Sustainable livelihoods [J]. International Social Science Journal, 2000, 17 (4): 77 –86.

[139] GRANOVETTER M. Economic action and social structure: the problem of embeddedness [J]. American Journal of Sociology, 1985, 91 (3): 481 –510.

[140] GRANOVETTER M. The strength of weak ties [J]. American journal of sociology, 1973, 78 (6): 1.

[141] HAHN M B, RIEDERER A M, FOSTER S O. The livelihood vulnerability index: A pragmatic approach to assessing risks from climate variability and change——A case study in Mozambique [J]. Global Environmental Change,

2009, 19 (1): 74 –88.

[142] HANIFAN L J. The Community Center [M]. Boston: Silver, Burdette, and Co., 1916: 181 – 187.

[143] HARRISON C, WHITE. Search parameters for the small world problem [J]. Social Forces, 1970, 49 (2): 259 –264.

[144] HAYES A F. Beyond Baron and Kenny: Statistical mediation analysis in the New Millennium [J]. Communication Monographs, 2009, 76 (4): 408 –420.

[145] HAYES A F. Introduction to mediation, moderation, and conditional process analysis: A regression-based approach [M]. Publication New York: the Guilford Press, 2013.

[146] HAYES A F. Introduction to mediation, moderation, and conditional process analysis [J]. Journal of Educational Measurement, 2013, 51 (3): 335 – 337.

[147] HAYES A F, SCHARKOW M. The relative trustworthiness of inferential tests of the indirect effect in statistical mediation analysis [J]. Psychological Science, 2013, 24 (10): 1918 – 1927.

[148] JOHANNISSION B, PASILLA M. The in situational embeddedness of local inter-firm networks: A leverage for business creation [J]. Entrepreneurship & Regional Development, 2002, 14 (4): 297 –315.

[149] KAISER H F. An index of factorial simplicity [J]. Psychometrika, 1974, 39 (1): 31 –36.

[150] KANDORI M. Social norms and community enforcement [J]. Levines Working Paper Archive, 1992, 59 (1): 63 –80.

[151] KEEFER P, KNACK S. Does social capital have an economic payoff? A cross-country investigation [J]. Quarterly Journal of Economics, 1997, 112 (4): 1251 –1288.

[152] LIN N. Social capital: A theory of social structure and action [M]. England: Cambridge University Press, 2003: 102 –111.

[153] LOCHNER K A, KAWACHI I, KENNEDY B P. Social capital: a

guide to its measurement [J]. Health & Place, 1999, 5 (4): 259 – 270.

[154] LOURY G. A dynamic theory of racial income differences [J]. Women, minorities, and employment discrimination, 1977, 153: 86 – 153.

[155] LUCAS R. On the mechanics of economic development [J]. Journal of Monetary Economics, 1988: 22.

[156] LU H, XIE H. Impact of changes in labor resources and transfers of land use rights on agricultural non-point source pollution in Jiangsu Province, China [J]. Journal of Environmental Management, 2018, 207: 134 – 140.

[157] LU N, WEI H, FAN W, XU Z, et. al. Multiple influences of land transfer in the integration of Beijing – Tianjin – Hebei region in China [J]. Ecological Indicators, 2018, 90: 101 – 111.

[158] MACKINNON D P, KRULL J L, LOCKWOOD C M. Equivalence of the mediation, confounding and suppression effect [J]. Prevention Science, 2000, 1 (4): 173 – 181.

[159] MACKINNON D P, LOCKWOOD C M, HOFFMA J M, et. al. A comparison of methods to test mediation and other intervening variable effects [J]. Psychological Methods, 2002, 7 (1): 83 – 104.

[160] MASSEY D S, GOLDRING L, DURAND J. Continuities in transnational migration: An analysis of nineteen Mexican Communities [J]. American Journal of Sociology, 1994, 99 (6): 1492 – 1533.

[161] MICHELSON H, REARDON T, PEREZ F. Small farmers and big retail: trade-offs of supplying supermarkets in Nicaragua [J]. World Development, 2010, 40 (2): 342 – 354.

[162] MOLYNEUX M. The role of social capital in development: an empirical assessment, edited by Christian grootaert and thierry van bastelaer [J]. American Journal of Sociology, 2008, 109 (4): 1000 – 1002.

[163] NARAYAN D F, MICHAEL C. A dimensional approach to measuring social capital: development and validation of a social capital inventory [J]. Current Sociology, 2001, 49 (2): 49 – 93.

［164］NARAYAN D, PRITCHETT L. Cents and sociability: Household income and social capital in rural Tanzania ［J］. Economic development and cultural change, 1999, 47 (4): 871 - 897.

［165］NEE V. Social inequalities in reforming state socialism: Between redistribution and market in China ［J］. American Sociological Review, 1991, 55 (3): 267 - 282.

［166］NEVIN J A. Interval Reinforcement of Choice Behavior in Discrete Trials ［J］. Journal of Experimental Analysis of Behavior, 1969, 12 (6): 875 - 885.

［167］PAAL B, WISEMAN T. Group insurance and lending with endogenous social collateral ［J］. Journal of Development Economics, 2011, 94 (1): 30 - 40.

［168］PEALINCK J H, KLAASSEN L H. Spatial econometrics ［R］. Saxon House, Farnborough, 1979.

［169］Polanyi K. The Great Transformation: The Political and Economic Origins of Our Time ［M］. Boston: Beacon Press, 1944.

［170］PREACHER K J, RUCKER D D, HAYES A F. Addressing moderated mediation hypotheses: theory, methods, and prescriptions ［J］. Multivariate Behavioral Research, 2007, 42 (1): 185 - 227.

［171］PUTNAM R D. Bowling alone: America's declining social capital ［J］. Journal of Democracy, 1995, 6 (1): 65 - 78.

［172］PUTNAM R. Making democracy work——civil tradition in modern Italy ［J］. Contemporary Sociology, 1994, 26 (3): 306 - 308.

［173］REYNOLDS P D. New firm creation in the United States: A PSED I overview ［M］. Boston: Now Publishers, 2007.

［174］ROBINSON L J, SILES M E. Social capital and household income distributions in the United States: 1980, 1990 ［J］. Journal of Behavioral and Experimental Economics (formerly The Journal of Socio - Economics), 1997, 28 (1): 1 - 93.

［175］ROBISON L J, HANSON S D. Social capital and economic cooperation

[J]. Journal of Agricultural & Applied Economics, 1995, 27 (1): 43 –58.

[176] ROMER, PAUL M. Increasing returns and long-run growth [J]. Journal of Political Economy, 1986, 94 (5): 1002 – 1037.

[177] SHANE S. A general theory of entrepreneurship [M]. Edward Elgar: Northampton, 2003.

[178] SILES M, ROBISON H L J. Socio-economics and the probability of loan approval [J]. Review of Agricultural Economics, 1994, 16 (3): 363 –372.

[179] UPHOFF N. Learning from Galoya: Possibilities for participatory development and post Newtonian social science [M]. London: Intermediate Technology Publications: 1996: 844 – 849.

[180] VANAUKEN H, FRY F L, STEPHENS P. The influence of role models on entrepreneurial intentions [J]. Journal of Developmental Entrepreneurship, 2006, 11 (2): 157 –167.

[181] VANDE VELDE K, MAERTENS M. Impact of contract-farming in staple food chains: the case of rice in Benin [J]. International Congress, 2014, (8): 26 –29.

[182] WARNING M, KEY N. The social performance and distributional consequences of contract farming: an equilibrium analysis of the arachnid de bouche program in Senegal [J]. World Development, 2002, 30 (2): 255 –263.

[183] ZAKP J, STEPHEN K. Trust and growth [J]. Economic Journal, 2001, 111 (470): 295 –321.

[184] Zhao X, Lynch J G, Chen Q. Reconsidering Baron and Kenny: Myths and Truths about Mediation Analysis [J]. Journal of Consumer Research, 2010, 37 (2): 197 –206.

附　录

农户调研问卷设计

本项目致力于研究广西砂糖橘种植农户的基本情况，在此基础上，研究者可以更好的对广西砂糖橘种植的情况进行深入了解，以期更好地促进农民收入增长提供政策建议。这是一项科学研究，您提供的信息只用于研究需要，问卷的信息将使匿名和严格保密。感谢您的大力支持和配合！注意：1. 仅针对砂糖橘种植的农户进行调研；2. 受访者应是家庭的主要决策者或参与农业决策的家庭成员；3. 每户仅适用一份调查问卷。

调查人姓名		调查日期		调查人电话：
调查地点	县	乡/镇		村
所在区域地形特征	A. 平原地区（ ） B. 丘陵地区（ ） C. 石漠化山区（ ） D. 一般山区（ ） E. 沿海地区（ ）			
区位特征	A. 近郊（ ） B. 一般（ ） C. 偏远（ ）			

以下表格请列举在以下种植及销售环节中对你帮助最大的人，将最重要的人放在 A 的位置。并在右边的表格中填写您和 A 的关系。

如"借钱"环节，意思是如果种砂糖橘需要借钱，哪三个人可以帮你？列举 A，B，C 3 个人，最好列举在外面工作的，有工作单位的人，表格中的工作单位信息越丰富越好。右边的评分表格只要填写与第一个人A的关系就可以了。1分表示关系最差，5分表示关系最好。

重要环节	关系网	他的职业/工作单位	如果是，打√					评价你与A的关系，1~5分				
			他/她是否家庭成员	是否打工认识	高层管理者	中层管理者	一般员工	认识时间/年	交往频率	亲密程度	熟悉程度	信任程度
如果要租借生产设备（如喷雾机、农用车、果筐等），可以找谁？	A											
	B											
	C											
如果需要借钱、贷款，可以找谁？	A											
	B											
	C											
谁可以担任你的合作伙伴/向你投资？	A											
	B											
	C											
如果讨教砂糖橘种植技术或管理问题，可以问谁？	A											
	B											
	C											
如果你的水果卖不出去，谁可以帮你？	A											
	B											
	C											

184

在下一个种植季度你打算是扩大还是缩小生产规模？①扩大 [ ] ②缩小 [ ] ③维持规模不变 [ ]

说明：请将√放入适当的方框或在提供的空白处书写，以回答问题。

A 村庄特征

1 村庄整体经济状况	好 [ ]	一般 [ ]	较差 [ ]
2 村里有几种姓氏	1 种 [ ]	2 种 [ ]	3 种及以上 [ ]
3 村里是否有宗祠堂	是 [ ]	否 [ ]	
4 你村砂糖橘是整村种植还是零星种植？	整村 [ ]	较多种植 [ ]	零星 [ ]
5 村庄交通道路情况	好 [ ]	一般 [ ]	较差 [ ]
6 与最近市场/圩的距离（公里）	[ ] 公里	到市场是否有公交车 是 [ ] 否 [ ]	

B 个人特征

1 性别	男 [ ]	女 [ ]		
2 年龄	[ ] 岁			
3 受教育程度	未上过学 [ ]	小学 [ ]	初中 [ ]	高中及中专 [ ] 大专以上 [ ]
4 是否曾经外出打工	是 [ ] 否 [ ]	每月收入 [ ]	省内 [ ] 省外 [ ]；事业单位 [ ] 企业 [ ] 建筑工人 [ ] 创业 [ ] 其他 [ ]	
5 是否党员	是 [ ]	否 [ ]		
6 是否村干部	是 [ ]	否 [ ]		
7 是否加入合作社	是 [ ] 否 [ ]	数量 [ ]；合作方式（多选）：生产合作 [ ] 销售合作 [ ] 资金合作 [ ] 其他 [ ]		

续表

问题		
8 是否加入与糖橘种植相关的其他组织	是 [ ] 否 [ ]	如果有，请说明：
9 是否使用智能手机	是 [ ] 否 [ ]	
10 手机是否安装有管理农业的软件？	是 [ ] 否 [ ]	
11 你是否经常用手机查询关于砂糖橘种植和销售的信息？	是 [ ] 否 [ ]	
12 是否有电脑？有几台？	是 [ ] 否 [ ]	1 台 [ ] 2 台以上 [ ]
13 是否开通家庭宽带网络？	是 [ ] 否 [ ]	
14 你是否使用电脑查询关于砂糖橘种植的相关信息？	是 [ ] 否 [ ]	
15 你是否积极参加本村修桥/修路/修宗祠等资金募集活动？	是 [ ] 否 [ ]	
16 您是否经常与其他砂糖橘种植农户探讨经验、交流技术或求得帮助？	不交往 [ ] 偶尔交往 [ ]	一般 [ ] 经常交往 [ ] 频繁交往 [ ]
17 您是否因为种植积极参与以下活动	A. 机耕道建设（ ） B. 修设水渠（ ）	C. 参与水利设施修建（ ）
C 砂糖橘种植和管理		
1 您家是何时开始种砂糖橘？	[ ] 年	
2 您是受到谁的影响开始种植？	亲属 [ ] 朋友 [ ]	同村人 [ ] 邻村人 [ ] 政府倡导 [ ]

续表

3 你在种植砂糖橘的过程中是否获得以下帮助（别人帮你）？（可以多选）

	免费	收费	来自亲属	来自政府/农业部门	朋友	同村人	邻村人	地
A 技术指导 [ ]	[ ]	[ ]	[ ]	[ ]	[ ]	[ ]	[ ]	[ ]
B 苗木提供 [ ]	[ ]	[ ]	[ ]	[ ]	[ ]	[ ]	[ ]	[ ]
C 水肥管理 [ ]	[ ]	[ ]	[ ]	[ ]	[ ]	[ ]	[ ]	[ ]
D 枝叶修剪 [ ]	[ ]	[ ]	[ ]	[ ]	[ ]	[ ]	[ ]	[ ]
E 病虫防治 [ ]	[ ]	[ ]	[ ]	[ ]	[ ]	[ ]	[ ]	[ ]
E 免费帮工 [ ]	[ ]	[ ]	[ ]	[ ]	[ ]	[ ]	[ ]	[ ]

4 有几家位于其他村庄的亲属或朋友因为种植而开展砂糖橘种植？

1～2家 [ ]　　3～4家 [ ]　　5～6家 [ ]　　6家以上 [ ]

5 您是否为您同样种植砂糖橘的其他亲属提供以下帮助（你帮别人）？（可以多选）

	免费	收费	给亲属	朋友	同村人	邻村人
A 技术指导 [ ]	[ ]	[ ]	[ ]	[ ]	[ ]	[ ]
B 苗木提供 [ ]	[ ]	[ ]	[ ]	[ ]	[ ]	[ ]
C 水肥管理 [ ]	[ ]	[ ]	[ ]	[ ]	[ ]	[ ]
D 枝叶修剪 [ ]	[ ]	[ ]	[ ]	[ ]	[ ]	[ ]
E 病虫防治 [ ]	[ ]	[ ]	[ ]	[ ]	[ ]	[ ]
E 免费帮工 [ ]	[ ]	[ ]	[ ]	[ ]	[ ]	[ ]

D 收入情况

1 您的家庭2018年（全家收入）收入是多少元/年？本栏收入填写2018～2019年度的。

2018年种植砂糖橘收入是多少？（ ）
2019年收入（ ）

去年其他农业收入	去年务工收入	去年财产性收入（地租、房租、分红等）	去年转移性收入（补贴、养老金、低保、贫困补助等）
[ ]	[ ]	[ ]	[ ]

续表

问题					
2 您去年种植砂糖橘的收入是多少（不扣除成本）	产量 [ ]	价格 [ ]			
3 除了种植砂糖橘以外，您从事的其他经济活动	其他作物种植 [ ]	禽畜养殖 [ ]	水产养殖 [ ]	手工业 [ ]	小生意 [ ] 外出打工 [ ]
4 在种植砂糖橘之前，你家主要经营什么？	作物种植 [ ]	禽畜养殖 [ ]	水产养殖 [ ]	手工业 [ ]	小生意 [ ] 外出打工 [ ]
5 在您种植砂糖橘之前，您全家家庭年均收入大概是多少？	[ ] 元				
6 您是否因为种植砂糖橘而获得政府补贴？	是 [ ] 补贴数额 [ ]	否 [ ]			
7 你家是否贫困户？	是 [ ]	否 [ ]			
8 你家是否立卡贫困户？	是 [ ]	否 [ ]			
9 你家是否收到其他贫困补助？（非砂糖橘）	是 [ ]	否 [ ]	补贴数额 [ ]		
10 您收到的其他补贴是何种补贴？（非砂糖橘）	雨露计划 [ ]	残疾补贴 [ ]	低保补贴 [ ]	综合农业补贴 [ ]	其他 [ ]
E 支出情况					
1 去年家庭用于食品支出大概占总支出的百分比是多少？	[ ]%				
2 去年种植砂糖橘支出大概是多少元？	地租 [ ]	化肥 [ ]	农药 [ ]	农用薄膜 [ ]	雇工 [ ]

续表

3 去年家庭劳动力投入砂糖橘管理劳作天数是多少天?	[ ] 天							
4 若您今年收入 10 万元，你打算用多少钱投入明年的砂糖橘种植?	金额 [ ]							
5 若政府为您提供 10 万元贷款（按市场利息）用于支持您的砂糖橘种植，但需要 3 年内归还，您是否接受?	是 [ ]	否 [ ]						
F 土地规模								
1 你家共自有多少土地（不包括租入土地）?（亩）	水田 [ ] 亩 块数 [ ]	旱地 [ ] 亩 块数 [ ]	山林 [ ] 亩					
2 以上土地是否确权?	是 [ ] 否 [ ]	是 [ ] 否 [ ]	是 [ ] 否 [ ]					
3 以上土地是否获得权属证书	是 [ ] 否 [ ]	是 [ ] 否 [ ]	是 [ ] 否 [ ]					
4 你家种植砂糖橘土地有多少亩?（连片种植的算 1 处（块）地）	总亩数 [ ] 共有 [ ] 处	其中水田 [ ] 处数 [ ]	旱地 [ ] 处数 [ ]		山林 [ ] 处数 [ ]			
其中：	自有 [ ] 亩	租入 [ ] 亩 租金 [ ]	租出 [ ] 亩 租金 [ ]					
	平地 [ ] 亩	坡地 [ ] 亩						
5 若您有租入土地种植砂糖橘，请选择	是否签订租赁合同 是 [ ] 否 [ ]	纸质合同 [ ] 口头协议 [ ]	租赁年限 [ ]	租金形式 实物租 [ ] 货币租 [ ] 免租金 [ ]	从哪里租入 外村 [ ] 本村 [ ]	是否约定租金不变： 是 [ ] 否 [ ]	是否合租： 是 [ ] 否 [ ] 几人合租 [ ]	何时租入 [ ]

续表

	是否签订租赁合同 是[ ] 否[ ]	纸质合同[ ] 口头协议[ ]	租赁年限	租金形式 实物租[ ] 货币租[ ] 免租金[ ]	租出对象 外村[ ] 本村[ ]	是否约定租金不变：是[ ] 否[ ]	是否合租：是[ ] 否[ ] 几人合租[ ]	何时租出[ ]
6 若您有向他人租出土地种植砂糖橘，请选择								
7 去年因病虫害或者其他原因减少砂糖橘种植是多少面积？	[ ]亩							
8 砍掉砂糖橘之后是否恢复原作物种植？	是[ ] 否[ ]							
G 生计资本情况：								
G1 物质资本情况：								
1 你家的房子是哪种类型？	混凝土房[ ]	砖瓦房[ ]	砖木房[ ]	土木房				
2 您的房子一共有几层？	1层[ ]	2层[ ]	3层[ ]	4层以上[ ]				
3 生产工具或者农具	打虫机：拥有[ ]台 接水胶管：拥有[ ]千米 蓄水池/大水桶 拥有[ ]个 肥料箱 拥有[ ]个 装果筐 拥有[ ]个							
4 交通工具	小汽车/农用车 拥有数量[ ] 摩托车/电动车 拥有数量[ ]							

190

续表

G2 金融资本

	自有资金 [ ] 元	亲友借款 [ ] 元	亲友入股 [ ] 元	贷款 [ ] 元	合作公司投资 [ ] 元
1 去年您种植砂糖橘投入是多少？					
2 您获得贷款的渠道是，请打√，并填相应利息	农业银行 [ ] 利息 [ ]	信用社 [ ] 利息 [ ]	个人借款 [ ] 利息 [ ]	其他组织 [ ] 利息 [ ]	
3 政府是否因为您种砂糖橘为你提供免息或低息贷款？	免费是 [ ]	免费否 [ ]	低息 [ ]	利息 [ ]	

G3 人力资本

	总人数 [ ] 人	非农业人数 [ ] 人			
1 家庭人数					
2 家里劳动力人数	男劳动力个数 [ ]	未上过学 [ ]	小学 [ ]	初中 [ ]	高中及中专 [ ] 大专以上 [ ]
	女劳动力个数 [ ]	未上过学 [ ]	小学 [ ]	初中 [ ]	高中及中专 [ ] 大专以上 [ ]
	偶尔能在家帮忙的上学小孩个数 [ ]	小学 [ ]	初中 [ ]		

H 技术培训获得情况

	是 [ ]	否 [ ]			
1 过去五年内你是否接受过任何农业培训？					

191

续表

2 过去五年内你是否接受过砂糖橘种植培训?	是 [ ]	否 [ ]				
3 哪些部门给予您种植技术的培训?	政府农业部门 [ ]	技术人员下乡 [ ]	亲友相互交流 [ ]	合作社 [ ]	农业公司 [ ]	自学 [ ]
I 销售情况						
您如何销售您的砂糖橘?(可以多选)	别人来收 [ ]	开车去市场卖 [ ]	建立销售网站 [ ]	微信销售 [ ]	卖给合作社/公司 [ ]	卖给合作社/合作公司 [ ]